NOTES HISTORIQUES

SUR

LE PLATEAU D'AVRON

MACON, PROTAT FRÈRES, IMPRIMEURS.

Hector ESPAULLARD

MEMBRE DE LA SOCIÉTÉ DE L'HISTOIRE DE PARIS ET DE L'ILE-DE-FRANCE

NOTES HISTORIQUES

SUR LE

PLATEAU D'AVRON

La Seigneurie d'Avron, — Le Château d'Avron-Beauregard,
Le fief de la Montagne,
La Seigneurie de la Garenne de Villemomble,
etc.

AVEC 31 DESSINS OU FAC-SIMILE ET 3 PLANCHES HORS TEXTE

PARIS

HONORÉ CHAMPION, ÉDITEUR

Libraire de la Ville et de la Société de l'Histoire de Paris

5, QUAI MALAQUAIS, 5

1907

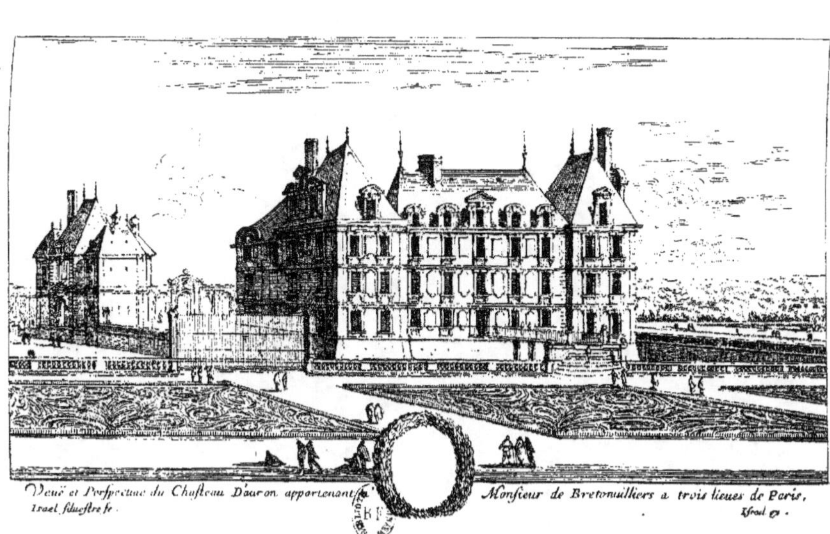

Veuë et Perspectue du Chasteau D'aoron appartenant à Monsieur de Bretonuilliers a trois lieues de Paris.

Israel siluestre fe .   Israel ex .

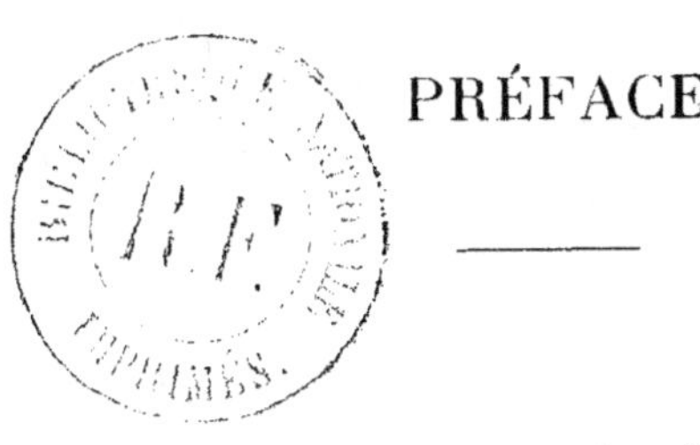

PRÉFACE

Au cours de mes études sur la ville de Noisy-le-Sec, j'ai dû réunir un certain nombre de documents intéressant aussi les localités voisines.

Ne voulant pas laisser perdre ces précieux matériaux, j'ai entrepris de nouvelles recherches pour les coordonner et les rendre utilisables.

Les notes sur Bondy et sur Villemomble que je me propose de publier un jour ne sont pas encore au point ; mais celles que j'ai pu rassembler sur le *Plateau d'Avron* formant dès maintenant un ensemble satisfaisant, je crois le moment venu de les livrer au public. Si cet ensemble n'est pas sans lacunes, il constitue du moins, grâce à quelques documents originaux, une esquisse à peu près inédite d'un coin de cette banlieue de Paris si riche en souvenirs de tous âges et cependant délaissée des chercheurs que fascine le rayonnement de la grande capitale.

*
* *

J'aurai l'occasion, en plusieurs endroits de cet ouvrage, de remercier quelques personnes des renseignements qu'elles m'ont fourni ; mais je dois plus particulièrement exprimer ma reconnaissance à M. *Louis Sourdat*, ancien conseiller municipal de Villemomble, pour le concours dévoué qu'il m'a constamment prêté.

Qu'il me soit aussi permis de rappeler la parfaite complaisance avec laquelle M. *Lucien Lazard*, archiviste de la Seine, accueille, renseigne et encourage les chercheurs : je le prie de trouver ici l'expression de mes meilleurs remerciements pour l'intérêt tout spécial qu'il a bien voulu prendre à mes recherches.

Janvier 1907.

CHAPITRE I

INTRODUCTION TOPOGRAPHIQUE

§ 1. — Géographie.

Le plateau d'Avron que le siège de Paris a rendu si tristement célèbre est situé non loin du Raincy, entre les jolis villages de Gagny, Villemomble, Rosny-sous-Bois et Neuilly-Plaisance qui s'étendent à ses pieds.

A l'est, face à Villemomble, le plateau présente de larges flancs sur lesquels s'étagent, au milieu de la verdure des jardins, de coquettes maisonnettes coiffées de tuiles rouges : cottages sans prétentions où les Parisiens viennent le dimanche respirer l'air pur de la campagne.

A l'ouest, et sur les autres faces, il appartient encore presque exclusivement à la culture : cerisiers et pommiers, vignes et groseilliers, asperges et fraisiers couvrent ses pentes.

En haut, à l'altitude de 114 mètres, il offre une plate-forme de deux kilomètres de longueur sur huit cents mètres de largeur, au sol mi-parti ras et mi-parti boisé, que se partagent Rosny-sous-Bois, dont dépendent aujourd'hui *la Pelouse* et le hameau de *Beauséjour* [1], et Neuilly-Plaisance [2], à qui appartient le village d'*Avron*.

Autour de cette plate-forme se développent de beaux panora-

---

1. Une petite partie de Beauséjour appartient à la commune de Villemomble.

2. Neuilly-Plaisance, commune séparée de Neuilly-sur-Marne le 13 avril 1892, formait, avant cette époque, un hameau plus particulièrement connu sous le nom de *Bois-de-Neuilly*. Sur ces modifications territoriales, voir plus loin, chap. V.

mas sur la plaine de Saint-Denis et la forêt de Bondy, d'une part, et la vallée de la Marne, d'autre part.

§ 2. — Géologie.

La colline d'Avron, *gypseuse* à sa base, est recouverte à son sommet par une couche de terrain d'eau douce *siliceux*. On y trouve des meulières pétries de limnées, de planorbes, de gyrogonites et de coquilles turbinées qui ont été pour la première fois décrites sous le nom de potamides, par Brongniart, dans les *Annales du Muséum d'histoire naturelle* [1].

Entre les puissantes masses de marnes blanches et de gypses constituant la base de la colline [2] et le calcaire siliceux du sommet se trouvent, à l'altitude de 90 à 100 mètres environ, les *marnes* et *glaises vertes* qui donnent naissance à des sources

1. Tome XV, p. 38.
2. Notes sur les carrières. — Dans cette forte et riche couche de pierre calcaire, plusieurs ouvertures ont été faites à époques différentes pour l'extraire et alimenter des fours à chaux et à plâtre ; presque toutes ces carrières sont encore actuellement en pleine exploitation, savoir :

I. — Au sud de la colline, la carrière de *Neuilly*, figurée sur la carte de Delagrive et considérablement agrandie depuis. Exploitée d'abord à ciel ouvert, puis en galeries ; cette carrière est reliée par une voie ferrée aux fours à chaux et à plâtre et à l'embarcadère situés sur les bords de la Marne, au lieu dit la Maletournée. Elle appartenait en 1819 à M. *Ragoulleau* ; elle passa plus tard à la famille *Bonardi*. En 1890 elle était exploitée par la *Société civile des plâtrières d'Avron* formée entre M. Jean-Ernest de Bonardi du Ménil, chevalier de la Légion d'honneur, propriétaire, demeurant à Sens (Yonne) rue de l'Épée, n° 21 (où il décéda le 23 avril 1891), et Mme Marie-Claire de Bonardi du Ménil, propriétaire, demeurant aussi à Sens, veuve de M. Paul Chapelain de Sereville, suivant acte passé devant Me Poletnich, notaire à Paris, le 5 juillet 1889. Elle appartient aujourd'hui à MM. Lamarque et Cie. A côté se trouvent deux autres exploitations : les carrières *Lagogué* (ci-devant *Leclaire*) et *Dumont*.

II. — Au nord, sur le territoire de Villemomble, une carrière ouverte vers 1840 dans l'ancien parc de la *Garenne*, actuellement exploitée par M. *Gaurain*.

III. — A l'ouest, les plâtrières de *Rosny*, déjà figurées sur la carte de Delagrive.

IV. — A l'est, au lieu dit les Enfers, territoire de Villemomble, une petite carrière indiquée sur le plan Ragoulleau de 1822, portant sur le plan communal de 1875 le nom de *carrière à Coursier*, exploitée aujourd'hui en galeries par M. *Becker* et dont les anciens cavages servent aussi pour la culture des champignons.

La carrière Bonardi, entrée des cavages (1906).

nombreuses, installées au milieu d'une végétation propre aux terrains humides [1].

§ 3. — Hydrographie.

La plus importante de ces sources, connue sous le nom de **fontaine des Enfers**, se trouve à mi-côte du versant regardant Gagny, sur le chemin de la Procession qui limite les communes de Villemomble et de Neuilly.

Ses eaux, s'écoulant librement, formaient à l'origine un affluent du **ru de Saint-Baudile** [2]. Elles furent ensuite canalisées pour l'alimentation en eau potable du château de Villemomble [3].

On peut aussi mentionner la **source de la Garenne** (v. chap. VII) et celle **du Néflier**, captée en 1860 par les soins de M. Esminger, maire de Villemomble, pour le service de deux bornes-fon-

1. En raison de leur imperméabilité, les glaises vertes constituent ce que les géologues appellent un *niveau d'eau* bien constant que l'on rencontre à mi-côte de toutes les collines agrémentant la banlieue parisienne. On devine leur présence de loin à cause de la végétation spéciale qu'elles portent ; les aulnes, les peupliers, les saules et les frênes en ombragent les parages au milieu des plantes herbacées propres aux terrains marécageux (circes, carex, joncs, spirées, prêles, etc.). Cette flore contraste avec celle des vergers d'arbres fruitiers (cerisiers notamment), et les vignobles qui couvrent la zone plus basse du gypse, d'une part, et avec la flore silicicole des sommets (bouleaux, châtaigniers, bruyères, cultures de pêchers).

2. Le ruisseau de Saint-Baudile, qui commençait son cours près du château de Villemomble, se répandait dans cette partie de terrain marécageux, assaini et défriché depuis lors, que l'on voit actuellement couvert de constructions, et désigné au cadastre de Gagny sous le nom de l'*Époque*. Il allait se jeter dans la Marne à Ville-Évrard. Son cours, qui charrie maintenant les eaux du lavoir de Gagny, fut, par précaution d'hygiène, détourné quand on construisit l'usine élévatoire de la Cie des Eaux à la Maltournée, et renvoyé dans la Marne à plus de cent mètres en aval de la prise d'eau des pompes aspirantes de cette Compagnie.

3. Les anciens tuyaux, d'un diamètre de 0^m 06, étaient formés d'une lame de plomb de 0^m 01 d'épaisseur courbée et soudée sur toute sa longueur. Lewal, possesseur du château de Villemomble vers 1830 (v. plus loin, p. 57, note 6), les fit remplacer par des tuyaux en plomb étiré. Cette canalisation passait dans les propriétés qui longent la rue de Neuilly, et aboutissait au château, près duquel était aussi placé un robinet extérieur à l'usage des habitants. Elle est indiquée sur un plan dressé en 1822, dit « *Plan Ragoulleau* », conservé à la mairie de Villemomble. M. Sourdat a fait, de ce plan, un calque très exact qui est actuellement entre nos mains.

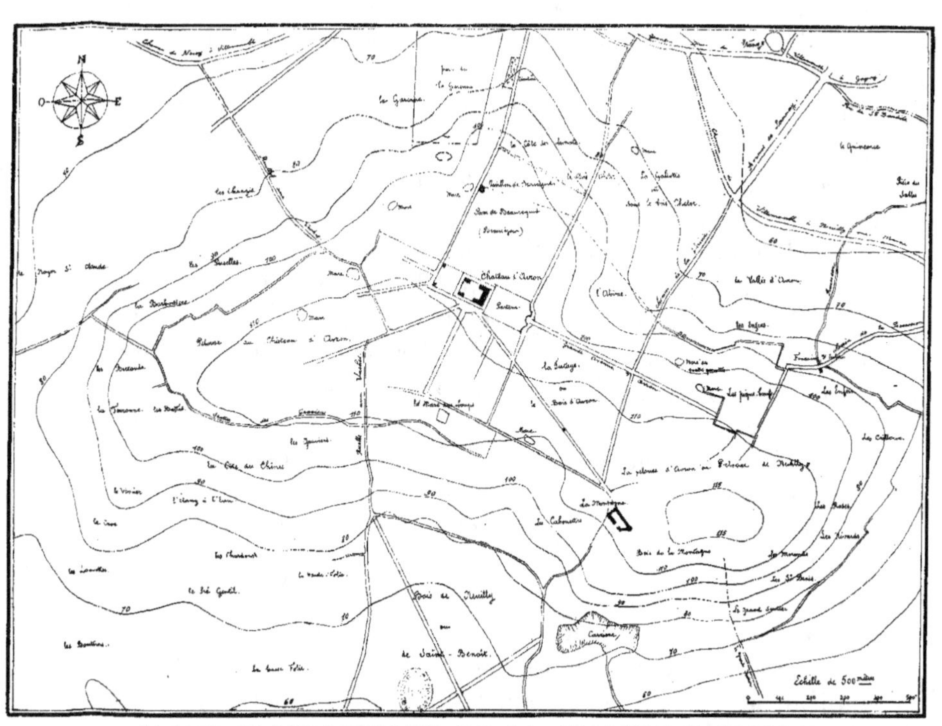

CARTE OROGRAPHIQUE DE LA COLLINE D'AVRON

taines placées rue de la Voirie (Bel-Air) et grande-rue de Villemomble, à l'angle de la rue de la Montagne-Savart.

Outre ces sources situées sur les pentes, on trouve, sur le sommet même du plateau, de nombreuses mares, réceptacles des eaux superficielles. Ce sont : la **mare aux loups**, les **mares de la Pelouse** et quelques autres sans dénominations particulières.

Les eaux pluviales alimentaient aussi autrefois les **fossés du château d'Avron** [1]. Ceux-ci, aujourd'hui plus qu'à demi comblés, sont, en temps normal, complètement desséchés ; mais dans les saisons pluvieuses, une source, qui doit correspondre avec leur ancien déversoir, sort en bouillonnant d'un monticule de terre et de murs ruinés, situé à quelques mètres de la rue du Bois-Châtel.

Dans le voisinage, on appelle cette source *le Torrent*. Ses eaux, très abondantes et très claires, vont se jeter dans un regard d'égout placé tout près de là, traversent la route et débouchent à ciel ouvert dans un petit chemin très raide qui les conduit au fond de la vallée de l'*Abîme*. Là, elles forment une mare qui deviendrait vite un grand étang s'il ne se trouvait sur son bord un trou d'environ un pied de large (autant qu'on en peut juger à distance et au milieu des débris de toutes sortes qui en encombrent les abords) où s'engouffre le trop-plein.

Où ces eaux vont-elles ensuite ? Nul ne le sait. On suppose que le trou communique avec d'anciennes carrières, ou plutôt avec des crevasses naturelles [2] dans lesquelles les eaux s'emmagasinent, puis sont peu à peu aspirées par des couches absorbantes.

On pourrait s'étonner que le déboisement à outrance qui a été fait sur les pentes du plateau d'Avron n'ait pas accentué l'ancien état marécageux du pied de la colline, car les eaux qui sourdent de toutes parts [3], n'étant plus retenues par le couvert

---

1. Voy. plus loin, chap. IV.

2. D'après plusieurs anciens habitants de Villemomble et de Rosny, des objets fort volumineux, voire de gros troncs d'arbres branchus, jetés autrefois dans cette mare, y auraient été rapidement engloutis ?

3. Citons notamment un écoulement important au bas de l'allée des Caves. On ne voit pas nettement d'où il sort. Il y avait autrefois dans le voisinage une très grosse source qui a été en partie détournée.

D'autres petites sources se trouvent sur les flancs du coteau, notamment

boisé, auraient dû trouver libre cours à leur épanchement. Mais
les tranchées de nouvelles routes pourvues de caniveaux d'assè-
chement ont, par endroits, coupé et drainé les nappes aqui-
fères[1], en même temps que les puits, creusés pour les besoins
des nombreuses maisonnettes construites depuis plusieurs années,
servaient dans une certaine mesure de régulateurs.

le long d'un sentier qui, de Beauséjour, se dirige vers la rue de Neuilly.
Leurs eaux se perdent dans les terres ou vont dans le fossé de la rue de
Bel-Air.

1. Depuis l'établissement en tranchée de la rue du Bois-Châtel, les caves
des constructions élevées rue de Neuilly, qui étaient inondées chaque année,
ne sont plus que simplement humides.

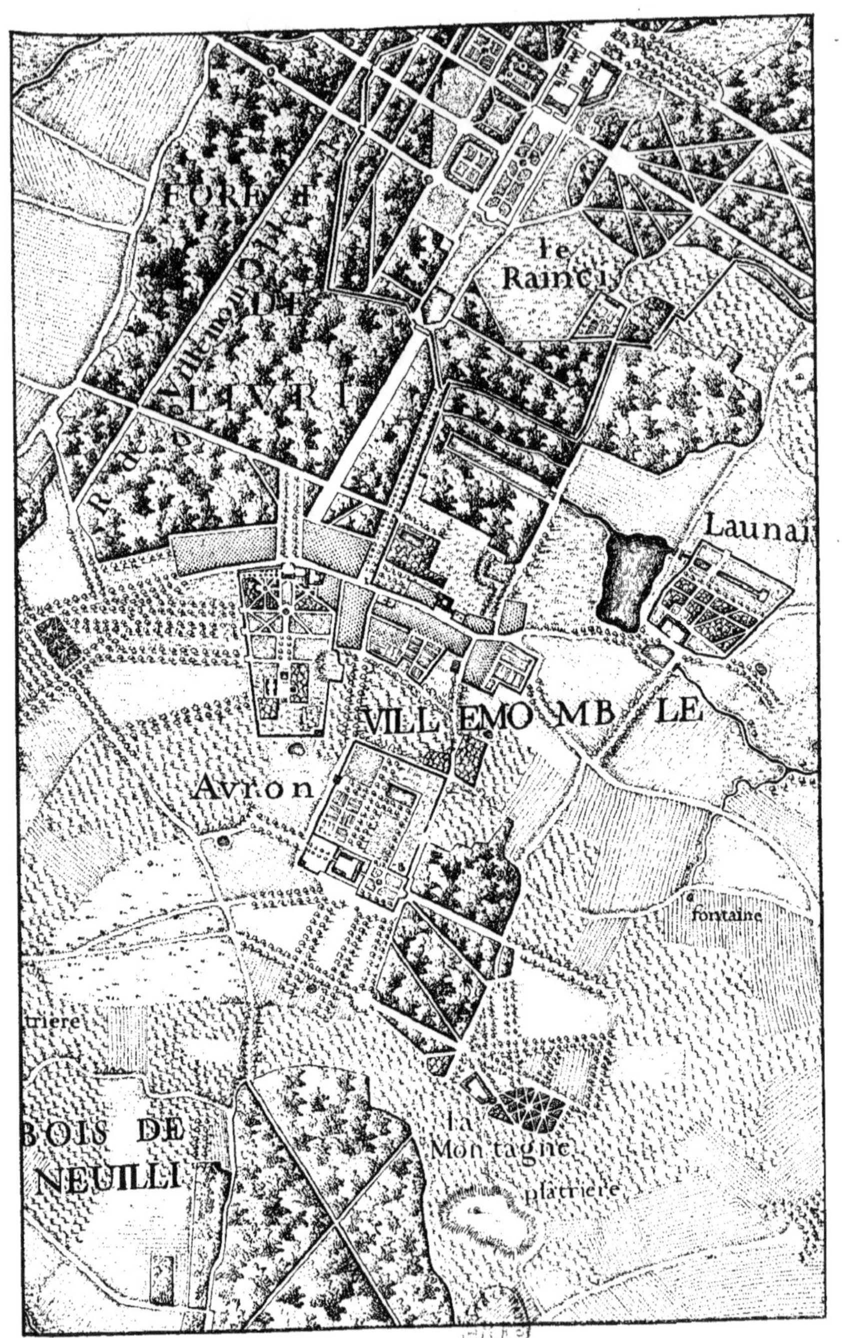

Avron et les environs, d'après la carte de Delagrive (1730).

CHAPITRE II

LES BOIS D'AVRON

§ 1. — Étymologie d'Avron.

Des bois touffus, qui subsistèrent en partie jusqu'en ces derniers temps, paraissent avoir donné leur nom à cette hauteur d'*Avron*, anciennement *Evron*, du mot « *Evre* », c'est-à-dire bois [1], expression celtique d'où viennent aussi les noms d'Evreux, des Eburoviques, Eburons, le v étant mis souvent pour le b, par suite d'une prononciation identique [2].

§ 2. — Grande étendue des bois d'Avron.

Ces bois couvraient tout ensemble le plateau et les pentes ; d'un côté, ils se prolongeaient par ceux de *Rosny* [3] et de *Neuilly* [4] ;

---

1. Il existe encore aujourd'hui une localité du nom d'*Erron*, chef-lieu de canton dans la Mayenne. — Il y avait à Paris, dès le xiiie siècle, une rue d'*Averon* (*Bulletin de la Soc. de l'Hist. de Paris et de l'Ile-de-France*), 10e année, 1883, p. 165-166.

2. Piérart, *Hist. de Saint-Maur*. Comparez l'irlandais *ibar* = « if », et le breton *evor* = « bourdaine » ou « aune noir ».

3. Peut-être appelait-on indifféremment ces bois du nom d'Avron ou de Rosny.

En 1195, Ansel, doyen de Saint-Martin de Tours, reconnut qu'Isembard, abbé de Saint-Maur, lui avait accordé *cent arpens* dans son bois de *Rooniaco* (Rosny), pour les essarter.

En 1196, Gaucher de Châtillon, que nous mentionnons ci-après, quitta ou abandonna à l'église Sainte-Geneviève la gruerie qu'il possédait dans les *bois de Rosny* (Duchêne, *Hist. de la Maison de Châtillon*, cité par Lebeuf, t. II, p. 553, édit. Bournon).

4. Le bois de Neuilly, encore appelé au xviiie siècle « *Bois de Saint-Benoît* »,

de l'autre, ils rejoignaient les bois de *Villemomble* et de *Gagny* qui les reliaient à la grande forêt de *Bondy-Livry*.

Gaucher de Châtillon, seigneur de Montjay, comte de Crécy-en-Brie, possédait certains droits de gruerie et de justice dans les bois d'Avron. En l'an 1194, il les abandonna aux religieux de Saint-Maur-des-Fossés, du consentement de sa mère, comtesse de Soissons, et de sa sœur Alix, mariée à Guillaume de Garlande, seigneur de Livry. De son côté, l'abbé *Isambard* lui céda en retour la sixième partie d'un bois appelé « bois de commune » (nemus de communia).

In nomine Sanctæ et individuæ Trinitatis. Amen.

Ego Gaucherius de Castillione Dominus Montis Gaii pagine testimonium notum facio præsentibus et futuris quia divinæ pietatis imbutus pro redemptione animarum patris mei et fratris mei Guidonis et antecessorum meorum pro salute animæ meæ favente et laudante Domina Adelaïde matre mea comitisse Suessionum et Domina Adelaïde soror mea uxore Domini Guillemi de Garlanda, agrarium [1] et quidquid juris et justitiæ in toto nemore qui appellatur Avron, sic et in omni eo quod sub anno censu in toto territorio Nobiliaci super Maternam ab ecclesia fossatensi tenetur jure hæreditatis possidebam eidem ecclesiæ fossatensi quitavi excepto nemore quod dicitur Martel. Et

Au nom de la Sainte et indivisible Trinité. Ainsi soit-il.

Nous, Gaucher de Châtillon, seigneur de Montjay, faisons savoir par cet écrit, à tous, présents et à venir, que pénétré de piété envers Dieu, pour la rédemption des âmes de notre père, de notre frère Guy et de nos ancêtres, pour le salut de notre âme, avec l'approbation et l'agrément de Dame Adélaïde notre mère, comtesse de Soissons, et de Dame Adélaïde notre sœur, épouse du seigneur Guillaume de Garlande, avons cédé à l'église des Fossés le droit de voirie [1] et tout droit quelconque, même de justice, que nous avions hérité sur le *bois d'Avron* comme aussi sur toutes les terres tenues par ladite église des Fossés dans toute l'étendue du territoire de Neuilly-sur-Marne, sous

a été défriché depuis et loti. Son emplacement forme aujourd'hui la majeure partie de la nouvelle commune de Neuilly-Plaisance.

1. Le droit de voirie ou agrarium consistait en ce qu'au moment de la récolte d'un champ, avant la mise en grange, le seigneur prélevait une certaine quantité de la récolte, sans toutefois préjudicier à l'obligation de la dîme. On l'appelait encore agrier, terrage ou champart.

perpetuo libere et quiete sine aliqua mei vel heredum meorum reclamatione possidere concessi, et omnimodam garantiam contra quorumlibet impugnationem nominatæ ecclesiæ quotiens opus fuerit utique præstare tenebor, venerabilis autem Isambardus fossatensis abbas et totius ejusdem Ecclesiæ conventus in recompensationem hujus quitationis sextam partem nemoris qui dicitur nemus de communia. Et si quis amplius habebat mei et heredibus meis quitaverit et tam me quam heredes meos libere et quiete possidere concesserit omnimodam garantiam ad minus super sexta parte ferentes.

Intuitu vero misericordiæ divinæ anniversarium fratris mei Guidonis et meum me defuncto singulis annis facieret; ut autem hoc plenum robur obtineat et ne alicujus malitia valeat infringi, Sigilli mei impressione et testium annotatione firmari.

Datum est hoc anno Incarnati M°C°XC°IIIJ [1].

réserve toutefois du bois dit : *bois Martel*. Elle en aura à perpétuité la libre et paisible possession sans que nous, ni nos héritiers, puissions faire aucune réclamation, et nous serons tenus de donner à ladite église toute garantie contre toute éviction le cas échéant. En compensation, le vénérable abbé des Fossés, Isambard, et le couvent de ladite église dans sa totalité, nous cèdent la sixième partie du bois dit de commune, et, s'il se trouve du surplus, ils nous en donnent la libre et tranquille possession à nous et à nos héritiers, nous apportant ainsi toute garantie pour au moins la sixième partie.

En vue de la miséricorde divine, ladite église célébrera chaque année l'anniversaire de mon frère Guy, et le mien après ma mort. Pour que cet acte ait toute sa force et ne puisse être enfreint par le mauvais vouloir de personne, nous l'avons confirmé par l'apposition de notre sceau et la signature des témoins.

Donné en l'an de l'Incarnation 1194 [1].

GUILLAUME DE GARLANDE donna aussi séparément sa remise du droit de panage [2] dans les bois d'*Avron* et de *Martel* [3].

Ce bois Martel, dont on ignore la situation exacte, était peut-être du côté de Gagny, car le cartulaire de Saint-Maur marque

---

1. Archives nat., LL, 46.
2. Droit de panage ou panaige et droit de glandie. Droit de mettre dans une forêt des porcs qui s'y nourrissaient de glands, de fanes, etc.
3. Lebeuf, t. II, p. 478.

qu'en 1212 une personne charitable donna à Pierre, curé de *Gaigny*, cinq arpens de terre situés à Martel, dans la censive de Saint-Maur, et chargés envers l'abbaye de huit sols de rente [1].

§ 3. — Origine des hameaux d'Avron
et de la Montagne.

Dès le XIIe siècle, les bois d'Avron étaient en coupe réglée et les huttes des bûcherons travaillant aux essarts [2] formaient vraisemblablement deux petits hameaux distincts.

L'un de ces hameaux, adossé au versant qui regarde Neuilly, devint au XVe siècle la ferme de la *Montagne*.

L'autre, situé sur un éperon du plateau dominant le village de Villemomble, portait particulièrement le nom d'*Avron* ; un « hôtel » fortifié assurait sa défense.

Au XVIIe siècle, le hameau d'Avron n'existait plus [3], l'hôtel l'avait absorbé pour devenir un grand et magnifique château.

1. Lebeuf, t. II, p. 548.

2. L'essartage ou sartage a pour objet la culture des céréales pendant l'année qui suit l'exploitation de chaque coupe. Il consiste à brûler d'une manière générale les rémanents de l'exploitation, les broussailles, les gazons répandus sur le sol, afin d'en nettoyer la surface et d'amender la terre.

Le sartage donne au sol un surcroît de fertilité suffisant pour imprimer non seulement une vigueur remarquable aux plantes annuelles qu'on y cultive, mais encore au rejet des souches récemment exploitées.

Ce mode de culture, qui se pratiquait beaucoup au moyen-âge, est aujourd'hui à peu près complètement abandonné en France.

3. Il ne faut pas confondre ce hameau disparu avec le lotissement, tout moderne, qui porte actuellement le nom d'Avron. Le lotissement moderne pourrait s'appeler non moins exactement *la Montagne*, puisqu'il se trouve situé entre l'emplacement de l'ancien hôtel d'Avron et celui de la ferme de la Montagne, tout aussi près de l'un de ces lieux que de l'autre.

La colline d'Avron. — Vue d'ensemble prise de la plaine de Neuilly (1906).

CHAPITRE III

LES SEIGNEURS D'AVRON

En 1424, l'*hôtel d'Avron*, avec ses dépendances consistant en prés, bois et vignes, était entre les mains de **Jacques Coquelet**, écuyer, qui le tenait en fief de l'abbaye de Saint-Maur, moyennant soixante-douze sols parisis de rente.

En 1430, **Laurent des Bordes**, secrétaire du roi, l'acheta de la veuve de Jacques Coquelet.

Il appartint ensuite à **Jehan le Denoys**, évêque du Mans, prieur commendataire de Saint-Éloi de Paris, qui mourut en 1462.

Il revint alors à **Jacques Toire** [1], abbé de Saint-Maur-des-Fossés, qui, en 1463, l'aliéna à vie à *Bertrand de Beauvais*, seigneur de Prengues, président en la chambre des comptes, moyennant trois livres douze sols de rente annuelle et sans préjudice des censives [2].

Bertrand de Beauvais en jouit dans ces conditions jusqu'à la mort de l'abbé Jacques Toire, survenue en 1473.

En 1522, le seigneur d'Avron était **Jehan le Forestier**, archer de la garde du roi. En 1525, ce personnage fit, au sujet de certains droits sur Avron, un concordat que l'évêque de Paris approuva.

Suivant le Père Anselme, **Catherine Sanguin**, qui vivait vers

---

1. Ou Jean Thœre, abbé de Saint-Maur de 1463 à 1473.
2. Lebeuf, t. II, p. 479.

1530, était femme d'un seigneur d'Avron dont le nom nous est inconnu [1].

Marie Dupuis, qui fut ensuite dame de ce lieu, mourut avant 1542.

Armes de Martin Berruyer. — D'azur à trois coupes couvertes d'or.

Martin Berruyer, seigneur de Rivière, un des quatre notaires du Parlement, son cousin et héritier en partie, lui succéda dans la totalité de la seigneurie par suite de l'abandon des droits de *Jehan* et *Antoine*, ses frères, ainsi qu'il appert des pièces ci-dessous, extraites du registre des Insinuations au Châtelet de Paris :

Jehan Berruyer, prestre, à présent religieux au couvent des cordeliers du Boys Malesherbes, pour la bonne amour qu'il porte à maistre Martin Berruyer, son frère, notaire et secrétaire du Roy et l'un des quatre notaires de la court de Parlement, recongnoist les bons traitements qu'il luy a faicts par ci devant, et par ces causes luy plaist luy a donner et donne pour luy, ses hoirs et ayans cause à tousjours..... les droictz, parts et portions..... qui luy apartient à cause des successions de feu M⁰ *Martin Berruyer* en son vivant escuyer, seigneur de

<hr>

1. Anselme, *Dict. des grands off.*, t. VIII, p. 264-265.
Catherine Sanguin était fille de Nicaise Sanguin, né en 1444, et de Marguerite du Fresnoy. Elle appartenait donc à la famille des Sanguin de Meudon, qu'il ne faut pas confondre avec leurs homonymes de Livry. Le fondateur de cette maison était Guillaume Sanguin, aïeul de Catherine, l'un des plus riches bourgeois de Paris, anobli en 1400, écuyer et échanson du roi en 1412, mort en 1414.

Rivière et de damoiselle *Marguerite Piedefer* ses père et mère, aussy à cause de feu *Pierre* et *Jacques Berruier* ses frères et de feu damoiselle *Marie Dupuis* en son vivant dame *d'Avron*, sa cousine, quelque part que lesdicts biens soient scitués et assis, soit au duché de Touraine, Poitou, Anjou, prévosté et vicomté de Paris ou ailleurs, pour ne jouir par ledict Berruyer, ses hoirs et ayans cause au temps advenir...... — Le 29° octobre, l'an 1542. — insinué le 10° jour de janvier l'an 1542 [1].

Noble et discrete personne M° *Anthoine Berruyer*, prestre, prieur d'Oigny... pour la bonne amour qu'il dit avoir à noble homme M° *Martin Berruyer*, son frère, notaire et secrétaire et l'un des quatre notaires de la court de Parlement..... luy a donné et donne par donation faite entre vifs..... [ce] quy luy peult compecter et appartenir à cause des successions de feus M° *Martin Berruyer* et damoiselle *Marguerite Piédefer* ses père et mère, aussi à cause de feus *Pierre* et *Jacques Berruier* ses frères, et encore à cause de damoiselle *Marie Dupuy*, en son vivant dame *d'Avron*, quelque part qu'ils soient situés et assis,... fors et excepté quant à la propriété des biens immeubles étant des dictes successions scitués au duché et pays de Touraine, desquels edit M° Anthoine a retenu et retient le droit part et portion qui luy peult compecter et apartenir.......

Faict et passé le vendredi 1er jour de juing, l'an 1543. — Insinué le mardi 12° jour de juing, l'an 1543 [2].

---

1. Arch. nat., Y 88 (f° 282 v°).
2. Arch. nat., Y 89 (f° 19). — Nous connaissons encore les documents suivants qui peuvent servir à reconstituer la généalogie de cette famille Berruyer.

24 août 1541. — *Guillaume Berruyer*, procureur en la cour de Parlement : donation à *Jacques Berruyer*, licencié en lois, avocat en la cour de Parlement, à Jean Hénault, licencié en lois, avocat en la cour de Parlement, conseiller du Roi et référendaire en la chancellerie, et à *Germaine Berruyer* sa femme (Arch. nat., Y 87, f° 223).

12 avril 1543. — Marie Asselin, veuve de Jean Palluau, bourgeois de Paris, demeurant à Paris : déclaration par laquelle elle affirme avoir, suivant l'une des clauses de son contrat de mariage en date du 8 février 1543, acheté à Martin Berruyer, l'un des quatre notaires du Parlement, une maison à Paris, rue de Bièvre, et cession à Gilbert Dosme, avocat en Parlement, son futur époux, de ladite maison, jusqu'à la concurrence de 2000 livres (Arch. nat., Y 98, f° 317 v°).

17 avril 1550. — *Marguerite du Puy*, veuve de *Jacques Berruyer*, conseiller du Roi en la cour de Parlement et président en la seconde chambre des Enquêtes : donation à Jean Formaget, procureur en la cour de Parle-

Renée de Gebert, veuve de Martin Berruyer, vendit en 1561 la terre et le château d'Avron à **Guillaume Bertrand** [1], seigneur de Villemor, conseiller du roi, maître des requêtes ordinaires de l'Hôtel, qui, la même année, en fit don à **Jean Bertrand** [2], lieu-

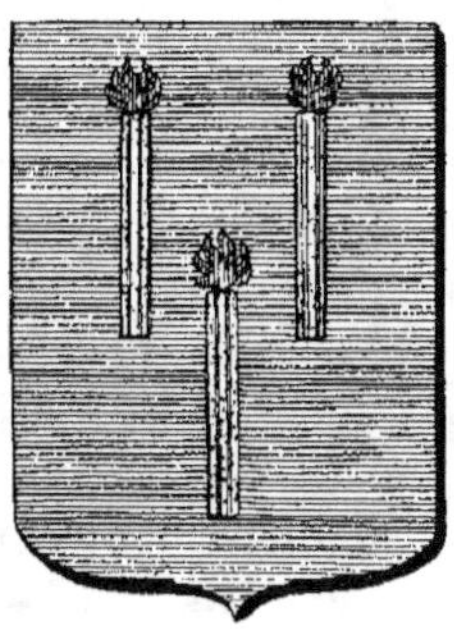

Armes de Jean Bertrand. — D'azur à trois flambeaux d'or
allumés de gueules.

tenant criminel de la prévôté de Paris, son neveu, et à *Marguerite Donon*, sa femme. Cette donation était faite à la condition

ment à Paris, de la moitié d'une vigne au terroir de Bagnolet, au lieu dit la Grande Pièce (Arch. nat., Y 95, f° 367 v°).

D'après le Dict. héraldique de Grandmaison, les Berruyer (Touraine) portaient : d'azur, à trois coupes couvertes d'or.

1. GUILLAUME BERTRAND, garde des sceaux de la chancellerie de Toulouse, puis conseiller au Grand Conseil, grand rapporteur et correcteur des lettres de la Chancellerie, maître des requêtes en 1553, fut enveloppé dans le massacre fait à Paris, le jour de la Saint-Barthélemy 1572, où plusieurs catholiques furent tués avec les protestants.

Il était fils de Jean Bertrand, garde des sceaux de France, puis cardinal-archevêque de Sens, mort à Venise en 1560.

Suivant le P. Anselme (*Hist. des grands officiers de la Couronne*), Guillaume Bertrand, seigneur de Villemor, aurait eu pour mère *Françoise de Rivière*. Il y aurait donc eu quelques relations entre la famille Bertrand et celle de Martin Berruyer, seigneur *de Rivière*, précédent seigneur d'Avron.

2. J'ignore quel est ce Jean Bertrand, époux de Marguerite Donon. D'après le P. Anselme et d'autres généalogistes, Guillaume Bertrand, seigneur de Villemor, décédé en 1572, n'aurait pas eu de *neveu* portant le prénom de Jean, mais seulement un *cousin*, Jean Bertrand, seigneur de Catouze, président au parlement de Toulouse, qui mourut vers 1594, laissant de Marie de Castelnau, son épouse, quatre enfants, Tristan, Nicolas, François et Isabeau.

Il y aurait donc une lacune à combler dans la généalogie de la famille Bertrand telle qu'elle est établie dans l'ouvrage du P. Anselme.

que *Michel*, fils des donataires, prit et portât par la suite « le surnom, armes [1] et blason dudit donateur ».

A tous ceulx qui ces présentes lettres verront, Anthoine Duprat, chevallier, seigneur de Nanthoillet ,.......... garde de la prévosté de Paris, salut. Scavoir faisons que par devant Jacques Joyeulx et Françoys Imbert, notaires du Roy... en son chastellet de Paris, fut présent en sa personne noble homme et saige Maistre *Guillaume Bertrand*, seigneur de Villemor, conseiller du Roy et maistre des Requestes ordinaire de son Hostel, demeurant à Paris, vieille rue du Temple,

Disant que le dimanche dix-septième jour d'aoust dernier passé noble Dam[lle] *Renée de Gebert*, vefve de feu maistre *Martin Berruyer*, en son vivant seigneur de Rivière, notaire et secrétaire du Roy et l'un des quatre notaires de la cour de Parlement, tant en son nom que comme tutrice et curatrice et comme soy faisant et portant fort de Me *Jacques Berruyer* et Dam[lle] *Catherine Berruyer* enffans dudict deffunct et d'elle, lui a vendu, constitué et assigné cinq cens-vingt-cinq livres tournois de rente annuelle et perpétuelle païable aux quatre termes de l'an à Paris accoustumés tant sur la terre et seigneurie de Bordeau [2], à la dicte dame appartenant de son propre, que sur la *terre et chasteau d'Avron*, ses appartenances et deppendances scitués et assis en la paroisse de Nully-sur-Marne en près le village de Villemomble, à la dicte dame et à ses dicts enffans appartenans, en la censive de l'esglise Sainct-Mor-des-Fossés et chargés envers la dicte église de huict livres de gros cens ou rente par chacun an [3] et de quatorze livres tournois aussy de rente envers Guillaume Legras et Marie Guinette sa femme et sept livres dix sols tournois de rente envers les hoirs d'un nommé Frezon.

[Ici la description des terres et château d'Avron,... leurs appartenances et dépendances que nous reproduisons textuellement plus loin, chapitre IV].

[Ladite cession faite pour] le prix et somme de six mille trois cens livres tournois que ledict seigneur de Villemor délivra, païa, compta et nombra à la dicte veufve.

...... Confessa [ladite veufve] que, en vendant par elle audict seigneur de Villemor les dits cinq cens vingt cinq livres tournois de rente, son

---

1. Suivant Anselme, la famille Bertrand portait : d'azur, au cerf passant d'or, au chef d'argent. Ceci ne paraît pas d'accord avec ce que nous écrivons plus loin, p. 21, note 2.

2. Bordeaux, hameau de Villevaudé (Seine-et-Marne).

3. Le chapitre de Saint-Maur jouissait encore en 1581 de ces huit livres de cens ou rentes ; il fut obligé de les aliéner à cette date pour acquitter les subventions ecclésiastiques.

intention estoit... ...de vendre et aliéner aud. Sʳ de Villemor le fonds
et la propriété de la terre et chasteau d'Avron, ses appartenances et
deppendances moyennant ladicte somme de six mille trois cens livres
tournois ; ..... recogneut avoir promis et promest les vendre, transporter et alliener irrevocablement à tousjours et promest garantir audit
seigneur de Villemor présent et acceptant... moyennant ladicte somme
de six mille trois cens livres tournois...... le fonds et la propriété de
toute la dicte terre et chasteau d'Avron ses appartenances et deppendances... ...sans aucunes choses retenir, excepter ou réserver,..........

. . . .

Ledict seigneur de Villemor, de son bon gré, libre, pure et franche
vollonté,..... recogneut et confessa en la présence et par devant lesdicts
notaires... avoir ceddé, délaissé et transporté... à noble homme et
saige Mʳᵉ *Jehan Bertrand*, conseiller du Roy et son lieutenant criminel en ladicte prévosté et vicomté de Paris, et Damˡˡᵉ *Marguerite
Donon* sa femme, de lui autorizée... ...ladicte rente de cinq-cens-vingt-
cinq livres tournois...... et est ladicte donation faicte aux charges et
conditions qui ensuivent :

C'est assavoir que après le décès desdicts mariés donataires, ladicte
terre d'Avron, ses appartenances et deppendances sera et appartien-
dra à Michel Bertrand, fils desdicts mariés, pour lui seul...... sans que
les aultres enffans desdicts mariés donataires, frères et sœurs dudict
Michel, puissent prétendre aucune chose, part ni portion, et à la charge
toutefois qu'en acceptant par led. *Michel Bertrand* lad. terre d'Avron
led. Michel sera tenu prendre et porter le surnom, armes et blason
dudict seigneur donateur....., sans que par ci-après ny luy ny les sui-
vans puissent icelles laisser ni changer pour quelque cause que ce
soit,

.... et veult et entend ⸢ledit donateur⸥ que ladicte terre d'Avron
appartienne tousjours à l'aisné des enffans dudict Michel Bertrand et
enffans de ses enffans, sans que les aultres enffans y puissent prétendre aucune chose ; et en cas que led. Michel Bertrand décédast
devant lesdicts mariés ses père et mère donataires n'ayant laissé aucun
enffans...... ledict chasteau d'Avron, appartenances et deppendances
seroit et demoureroit à la pleine et entière disposition desdits mariés,
lesquels pourroient iceulx chasteau, deppendances et appartenances
obliger, vendre et aliéner.........

En oultre, à la charge que led. seigneur donateur pourra et luy
sera loisible édiffier, bastir et réparer, entretenir les maison, chasteau
et terres dud. Avron que bon lui semblera sans attendre le consentement et vollonté desdits mariés, soubs condition toutes fois que lesdits
édiffices, bastimens et appartenances demoureront au proffict desd.

mariés..,... sans que les dits mariés soient tenus en païer ou rembourser aucune chose au susdit donateur ou à ses héritiers ou ayans cause.....

En tesmoing de ce nous, à la requeste desdicts notaires, avons faict mettre le scel de lad. Prévosté de Paris à ces présentes lettres qui furent faictes et passées l'an 1561 le lundi 15° jour de septembre.

Insinué au greffe du Châtelet le lundi 13° jour d'octobre suivant [1].

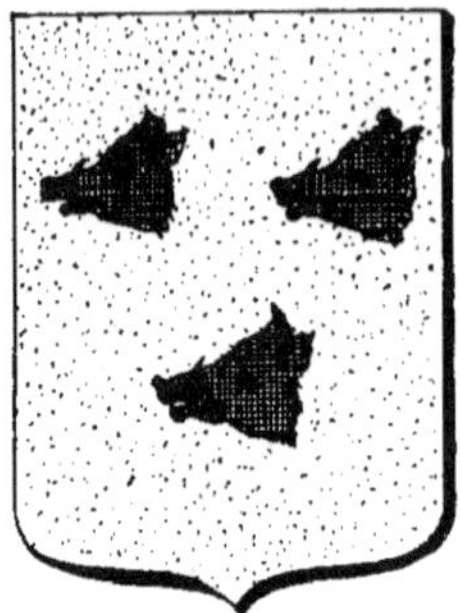

Armes de Louis de Donon. — D'or, à trois hures de sanglier de sable.

Jean Bertrand jouissait encore de la terre d'Avron en 1580 ; il faut supposer qu'il mourut sans laisser de descendance puisqu'après la mort de sa femme, survenue en 1611 [2], cette terre

1. Archives nat., Y 102 (f° 411).

2. La tombe de Marguerite de Donon se voyait autrefois à l'hospice du Petit-Saint-Antoine, dans la chapelle du Saint-Esprit. Elle portait l'épitaphe suivante :

Cy gist noble damoiselle Marguerite de Donon, en son vivant veuve de feu noble homme messire Jehan Bertrand, en son vivant conseiller du Roi, advocat général et maistre ordinaire en sa chambre des Comptes à Paris, laquelle décéda agée de LXXX ans, le XVIII° jour de novembre MDCXI.

ARMES. — Bertrand : D'argent, à trois graines de palmier de sinople ; alias : D'azur, à trois flambeaux allumés de gueules.

Donon. — D'or, à trois hures de sanglier de sable (Epitaphier du Vieux Paris, t. I, n° 196).

Marguerite de Donon était fille de Françoise Cordelier, sœur de Michel Cordelier, seigneur de Chennevières-sur-Marne. L'épitaphe de ce dernier, ci-dessous reproduite, se trouvait également dans l'église de l'hospice du Petit-Saint-Antoine.

Cy gist soubs cette tumbe deffunct Michel Cordellier, vivant escuyer, seigneur de Chennevières-sur-Marne, Montgazon, La Brosse et La Croix, lequel décéda le 1er jour de janvier MDXC, fils de deffunct Jacques Cordellier, vivant escuyer, seigneur de Chennevières-sur-Marne, Montigny, Sainte-Felice et des fiefs dessusdits, et frère de damoiselle Jehanne Cordelier, vivante veuve de feu monsieur maistre Auger de Pinterelle, inhumée soubs la prochaine

passa aux mains d'un neveu : **Louis de Donon**, trésorier de France, qui en porta foi et hommage l'année suivante [1].

C'est en 1634 que **Claude Le Ragois** *de Bretonvilliers*, conseiller et secrétaire des finances du roi, acquit de Louis de Donon la seigneurie d'Avron qui devait rester dans sa famille pendant plus d'un siècle. En 1643, il se rendit aussi acquéreur de la terre de Noisy-le-Sec [2].

Armes de la famille Le Ragois.
D'azur, à l'aigle essorante d'argent, tenant dans sa patte dextre
un rameau d'olivier d'or.

Jean Le Ragois *de Bretonvilliers*, conseiller au Parlement, maître des requêtes, fut, après le décès de Claude, son père, seigneur d'Avron et de Noisy-le-Sec [3]. Il mourut en 1655 sans laisser de descendance.

Alexandre Le Ragois, prêtre, alors curé de Saint-Sulpice, lui

tumbe, et oncle de damoiselle Marguerite de Donon, veufve du feu sieur Bertrand, et fille de damoiselle Françoise Cordellier, veufve du feu sieur de Donon, et sœur gemelle de ladicte veufve de Pinterelle ; icelle veufve Bertrand inhumée soubs la prochaine tumbe eslevée ; tous descendus en ligne directe de deffunct messire Robert Cordellier, chevallier, seigneur dudict Chennevières-sur-Marne et de plusieurs aultres terres et seigneuries, ambassadeur pour le Roi Charles V[e] es pays d'Espagne, Navarre et Arragon, et chancellier des requestes de son hostel, fondateur de ceste chapelle. Priez Dieu pour leurs âmes.

1. Lebeuf, t. II, p. 479.
2. *Hist. de Noisy-le-Sec*, p. 60.
3. Mais c'est par suite d'une erreur de rédaction que, dans notre histoire de Noisy-le-Sec, nous l'avons indiqué en qualité de seigneur de Ville-momble.

succéda dans ces deux seigneuries par suite de l'abandon des droits de *Bénigne*, son frère, et de *Marie*, sa sœur [1].

Après l'abbé Le Ragois, **Bénigne Ier Le Ragois** *de Bretonvilliers*, son frère, conseiller au Parlement de Paris, maître des comptes, devint seigneur d'Avron et de Noisy. Il fut aussi seigneur de Villemomble qu'il avait probablement acquis de Jacques Page en 1678 [2]. Comme le château de Villemomble, situé au bas du coteau, était ruiné, Avron devint alors, et resta jusqu'en 1765, la résidence des seigneurs de Villemomble.

Bénigne mourut le 15 janvier 1700, étant président de la chambre des Comptes depuis plus de quinze ans. De son mariage avec *Claude Élisabeth Perrot de Fercourt de Saint-Dié*, il laissait deux fils et trois filles.

Le puîné des fils, Jean-Baptiste, reçut en partage la terre de Noisy.

L'aîné, **Bénigne II Le Ragois** *de Bretonvilliers*, devint seigneur d'Avron ; il succéda aussi à son père dans la charge de président en la cour des comptes, dont il avait été pourvu en survivance le 23 novembre 1695, et mourut en août 1709. Il avait épousé, le 28 février 1693, *Marie-Madeleine d'Albon* qui vivait encore en 1724 ; de ce mariage étaient nés cinq enfants.

Bénigne III Le Ragois, marquis de Bretonvilliers, l'aîné de ces cinq enfants, fut seigneur d'Avron et de la Montagne [3]. Il succéda aussi, en 1712, à son oncle Jean-Baptiste, dans tous ses biens, titres et qualités, et devint ainsi seigneur de Noisy et lieutenant général au gouvernement de la ville, prévôté et vicomté de Paris [4].

---

1. *Histoire de Noisy-le-Sec*, p. 61.
2. Nos notes sur Villemomble.
3. Voir plus loin, chap. IV, § IV.
4. *Hist. de Noisy-le-Sec*, p. 63. — Il était aussi seigneur de Saint-Dié, de Villemomble, d'un fief à Fontenay-sous-bois et du fief de Crécy à Noisy. — D'après l'écusson gravé par Chevillard (*Noms, qualités et armes des gouverneurs, capitaines et lieutenants généraux de Paris*), Bénigne III portait : écartelé, aux 1 et 4 de sable à la croix d'or, aux 2 et 3, d'or au dauphin d'azur, et sur le tout d'azur à l'aigle essorante d'argent tenant de sa patte dextre un rameau d'olivier d'or, qui est Bretonvilliers.

Il était, en 1715, maître de camp ou colonel au régiment Dauphin-cavalerie, brigadier des armées du roi en 1734 et maréchal de camp en 1738 ; il mourut au commencement de l'année 1760, laissant de son mariage avec *Félicité de Milan de Cornillon*, épousée en avril 1717 et morte le 13 septembre 1744, une fille, Charlotte, qui suit [1].

Charlotte-Bénigne Le Ragois *de Bretonvilliers* avait été mariée, quelque temps avant la mort de son père, le 18 février 1760, à *Marc-Antoine-Trout de Beaupoil-Saint-Aulaire*, marquis

1. Il avait eu aussi d'autres enfants dont nous trouvons mention dans les registres de catholicité de la paroisse de Villemomble :

« Du 14 aoust de l'an 1728 a esté baptizé, par moy prieur soussigné, *Bénigne-Félicité*, fille légitime de Messire Bénigne Le Ragois, chevalier, seigneur marquis de Bretonvilliers, Villemomble, mestre de camp du régiment Dauphin, lieutenant général pour le Roy au gouvernement de Paris, le père, et de Félicité de Milan de Cornillon, dame de Villemomble ; en présence du père et de la mère. Signé : Pépin du Montet, prieur de Villemomble. »

Bénédiction d'une cloche.

« Ce 19 may 1730, du règne de Louis Quinze Roy de France et de Navarre, j'ay esté bénite par Mre François Hugues Pépin, seigneur du Montet et de Burmon (?), prieur-curé de Villemomble et nommée Anne-Bénigne par haut et puissant seigneur *Mr François-Mathias-Bénigne Le Ragois de Bretonvilliers* officier aux gardes françoises, fils de haut et puissant seigneur M. Bénigne Le Ragois, chevallier, seigneur marquis de Bretonvilliers, seigneur châtelain de Villemomble, Saint-Dié, La Montagne, Avron, Noisy-le-Sec et autres lieux, lieu^t-g^l pour le Roy..., et de haute et puissante dame Félicité de Milan de Cornillon, — étant marreine demoiselle Anne d'Albon, fille de haut et puissant seigneur Messire comte d'Albon, seigneur d'Arbret et autres lieux et de haute et puissante dame Antoinette de Chardon. Estant présents : haute et puissante dame Marie-Magdeleine d'Albon présidente de Bretonvilliers ; Marie-Catherine Charlet dame de Mesmon ; Marie-Eléonor Hardy ; Messire Pierre de Milan de Cornillon officier aux gardes françoises ; Messire Jean-François de Ponsonaille du Chassan archidiacre de St-Flour ; Messire Jacques-Nicolas Adam prestre curé de Gagny et Louis-Michel Gouy prestre du diocèse de Paris, qui ont signé avec nous. »

de Lanmary, qui mourut le 16 juin de l'année suivante à l'âge de vingt-deux ans.

Deux années plus tard, par contrat du 12 juin 1763 signé du roi et célébration du 20 du même mois, la jeune veuve se remariait à *Charles-François-César Le Tellier*, marquis de Crussy et de Montmirail, comte de la Ferté-Gaucher, arrière-petit-fils de l'illustre marquis de Louvois. Cette nouvelle union fut de courte durée, comme la précédente ; le marquis de Montmirail mourut le 13 décembre 1764, à peine âgé de trente ans, laissant deux filles : Bénigne-Augustine, née en 1764, et Louise-Françoise, née posthume en 1765.

Mme de Montmirail vendit alors ses terres de Villemomble, Noisy et environs.

Le 11 mai 1765, par contrat passé devant Boulard, notaire à Paris, elle céda à Jean-Baptiste Paulin d'Aguesseau de Fresnes, conseiller d'État et maître des requêtes honoraire, la terre de Villemomble, le fief des Vieilles-Vignes et la terre de Noisy, moyennant la somme de 100.000 livres pour la seule partie de ces terres relevant du roi [1].

C'est probablement aussi vers cette époque que Mme de Montmirail se défit de son domaine d'Avron ; mais ceci n'est qu'une supposition de notre part, car il y a dans nos notes, de 1765 à 1776, une lacune regrettable que, malgré de minutieuses recherches, nous n'avons pu réussir à combler.

En 1776, **René-François Gondot** [2], écuyer, conseiller du roi,

---

1. Archives de la Seine (quai Henri IV). D-A 2.

L'autre partie de ces terres relevait du seigneur de Montjay. M. d'Aguesseau vendit en 1767 la terre de Villemomble et celle de Noisy à Louis-Philippe, duc d'Orléans, qui en passa immédiatement déclaration au profit d'Étiennette-Marie-Périne Le Marquis, danseuse de l'Opéra, sa maîtresse.

Il y a sur ce point, dans notre histoire de Noisy, une erreur que nous sommes heureux de pouvoir rectifier ici.

2. Gondot, ancienne famille noble du Blaisois, dont plusieurs membres ont été successivement valets de chambre des rois Charles IX, Henri II, Henri III et Henri IV (La Chesnaye-Desbois). ARMES : De gueules, à trois tasses d'argent, deux et une (Rietstap, *Armorial général de Paris* ; D'Hozier, *Armorial manuscrit*).

René-François Gondot était fils de François Gondot et de Marie-Geneviève Le Normand.

commissaire des guerres [1], conseiller d'épée à la connétablie du Palais [2], conseiller rapporteur et secrétaire général « du point

Armes de René-François Gondot. — De gueules à trois tasses d'argent, deux et une.

d'honneur [3] », gouverneur des villes de Blamont et de Maresmes, est dit seigneur d'*Avron* [4], de *Beauregard* [5] et d'*Auvillier*.

M. Gondot vivait encore en 1792 [6], mais dès 1785 il avait

Le 13 octobre 1748, il avait épousé *Angélique-Victoire Richer*, dont il eut deux fils :

1° François-Gustave, né le 22 août 1749, gendarme de la garde du roi ;

2° Joseph-René de Vermont, né le 29 juin 1756, officier d'infanterie au régiment de la Marche (La Chesnaye).

1. La liste des commissaires ordinaires des guerres publiée dans l'*Almanach royal* donne (année 1775) : Gondot, petit hôtel de Biron, rue de Varenne.

2. Juridiction placée sous l'autorité des maréchaux de France, composée de commissaires et contrôleurs des guerres, pour connaître de toutes actions intéressant l'administration de la guerre ; elle avait son siège à Paris, à la table de marbre du Palais.

3. Tribunal qui se tenait chez le plus ancien des maréchaux, et qui statuait sans appel sur tous différends survenus entre gentilshommes et gens faisant profession des armes, pour raison de leurs engagements de parole ou écrits d'honneur. Il avait surtout pour but d'éviter les duels qui, trop souvent, pour des niaiseries, faisaient couler le sang des meilleurs sujets du roi. Les décisions de ce tribunal étaient toujours accueillies avec une grande déférence.

4. Guilhermy, *Inscriptions de la France*, t. III, p. 40. Inscription sur une cloche de Neuilly-sur-Marne ; cette inscription porte à tort *Gonrot* au lieu de *Gondot*.

5. Certaine partie du parc d'Avron portait le nom de Beauregard. Voy. plus loin, chap. IV, § 4, p. 39.

6. L'*Almanach royal* (années 1790 à 1792) mentionne M. Gondot, chevalier de l'ordre royal et militaire de Saint-Louis, secrétaire général *honoraire* de Messieurs les Maréchaux de France.

vendu son domaine à **Anne Delpech**, née baronne et marquise de *Cailly* [1], veuve en troisièmes noces de Charles-Sigismond, seigneur de Montmorency, Luxembourg, duc de Boutteville.

La lettre de ratification de ce contrat, reproduite ci-après, nous donne quelques renseignements sur la teneur de cette propriété que la marquise de Cailly revendit le 26 septembre 1789 à **Jean Dupeiron de Lacoste**, directeur de la Monnaie de Paris [2].

Louis, par la grâce de Dieu, Roi de France et de Navarre : A tous ceux qui ces présentes lettres verront ; Salut. Anne Delpech, veuve en troisièmes noces de Charles-Sigismond, seigneur de Montmorency, Luxembourg, duc de Boutteville, lieutenant général de nos armées, demeurant rue du Mesnil-Montant, paroisse Sainte-Marguerite,

Nous a fait exposer que, par contrat passé devant Morin et son confrère, notaires au Châtelet de Paris, le 16 octobre 1785, dument insinué, elle a acquis de René-François Gondot, écuyer, ancien conseiller ordinaire des guerres, conseiller de la connétablie, secrétaire du tribunal des maréchaux de France, chevallier de Saint-Louis, demeurant en son château d'Avron, près Rosny, paroisse de Neuilly-sur-Marne :

1° le *fief de Beauregard*, provenant d'un démembrement de la seigneurie d'Avron, scis paroisse de Neuilly-sur-Marne, consistant en un château et ses pavillons, bâtiment, basse-cour, jardin, parc et clos entourés de murs et pavillon anciennement appellé Beauregard [3], le tout contenant environ 23 arpens ;

2° plus les *terreins et pelouses* étant hors dudit château et parc, fai-

---

1. Anne-Madeleine Delpech de Cailly, fille unique de Pierre Delpech IIe du nom, avocat général puis président de la Cour des Aides de Paris (né en 1712, mort en 1737), et de Marie Pajot (née en 1715), fille de Christophe-Alexandre Pajot, seigneur de Villiers, contrôleur général des postes de France, et d'Anne Mailly de Charneuil.

Anne Delpech épousa successivement :

1° le 13 mars 1734, *Jean-Armand*, marquis de *Joyeuse* et de *Ville-sur-Tourbe*, comte de *Grandpré*, né le 24 avril 1718, colonel d'un régiment d'infanterie, nommé brigadier des armées du Roi le 1er janvier 1748, mort en son château de Grandpré le 12 décembre 1774 ;

2° *Jean-Louis Adam*, marquis de *Joyeuse* ;

3° *Charles-Sigismond*, seigneur de *Montmorency*, *Luxembourg*, duc de *Boutteville*, nommé lieutenant général le 2 mai 1744.

Les armes des Delpech étaient : D'azur, au chevron brisé d'or, accompagné en chef de deux rayons mouvans des angles de l'écu, et en pointe d'un pélican dans son aire, le tout d'or, posé sur un mont d'argent ; et d'une bordure de gueules (La Chesnaye-Desbois).

2. Voir plus loin, chap. V, § 3, p. 54.

3. Ce pavillon est indiqué sur les plans que nous reproduisons.

sant partie dudit fief, plantés d'arbres, à prendre dans les alignemens et terreins énoncés audit contrat ; lesdits terrains et pelouses contenant environ 13 arpens ;

3° plus *un autre fief* provenant du démembrement de la baronnie de Villemomble, consistant en huit à neuf arpens enclavés et formant partie dudit parc, ledit fief nommé par la Dame de Villemomble le fief d'*Auvilliers,* scis [1] au bord desdites pelouses attenant la forest de Bondy, sur lequel étoit jadis un moulin ;

Ainsy que le tout se poursuit et comporte, sans réserve, aux charges et conditions portées audit contrat et outre les charges ordinaires et accoutumées et moyennant la somme de 5000 livres de rente foncière, dont le principal formant le prix dudit contrat est de là somme de cent mil livres, pour en jouir en toute propriété, ses hoirs et ayans cause comme de chose lui appartenant à compter du jour dudit contrat ; lesquels fiefs, château, jardins, parc, clos, pelouses, appartenaient audit vendeur comme ayant acquis lesdits fiefs à titre d'inféodation et l'emplacement [du moulin ?] comme bien en roture de Jean Caminade, bourgeois de Paris, par contrat du 15 juillet 1773, suivi de lettres de ratification scellées le 8 novembre 1773 [2].

---

1. Je crois qu'il y a ici une lacune et qu'il faut lire : « *plus 1/2 arpent de terre* sis au bord desdites pelouses, attenant la forêt de Bondy, sur lequel était jadis un moulin. »

2. Archives de la Seine, quai Henry IV. Lettre de ratification n° 18936.

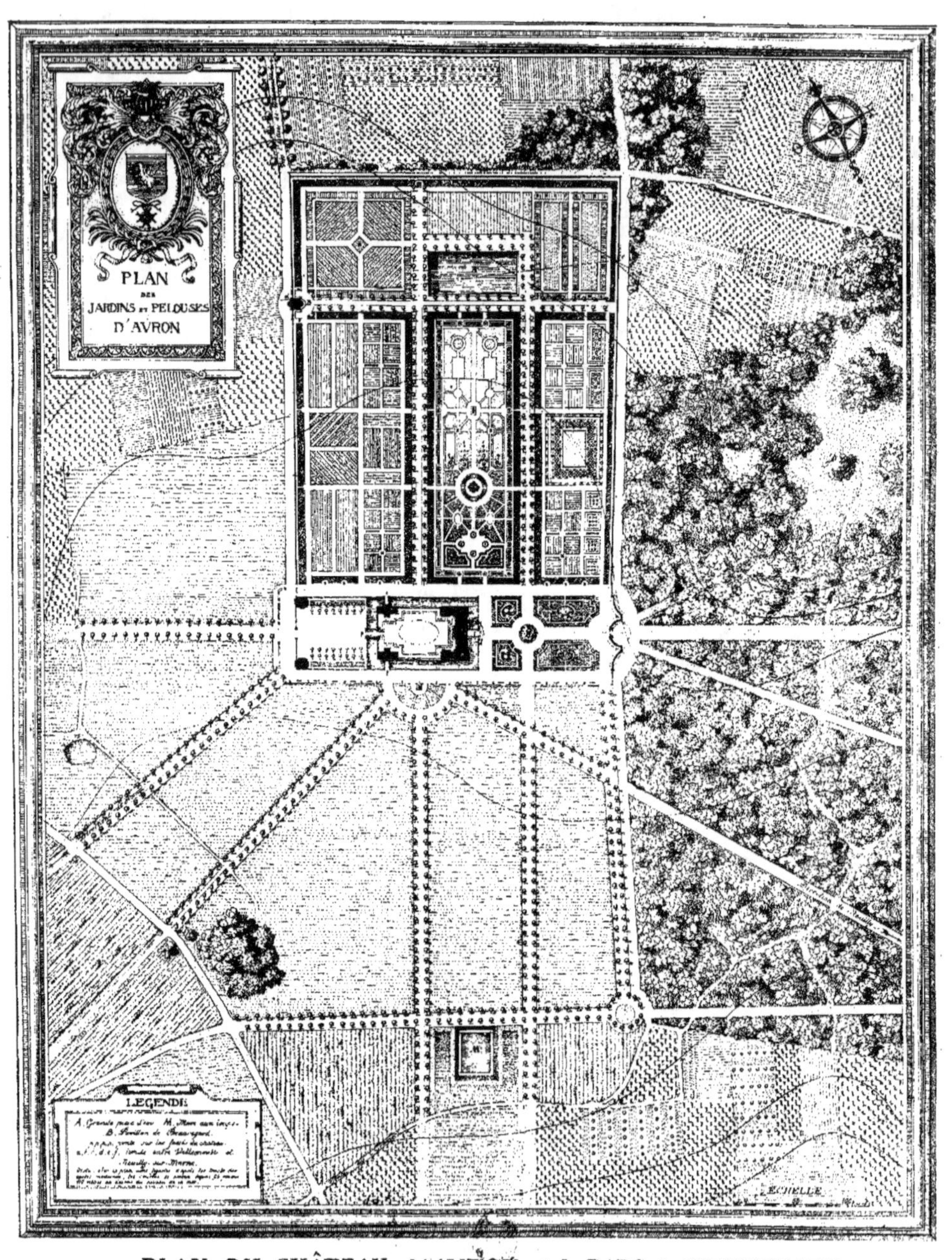

PLAN DU CHÂTEAU d'AVRON et du PARC de BEAUREGARD
(Restitution)

CHAPITRE IV

LE CHATEAU D'AVRON ET SON PARC ;
LES ALENTOURS

§ 1. — L'hôtel du xve siècle

Dès le xve siècle, avant même il est probable, la seigneurie
d'Avron possédait un « hôtel » défendu par des murailles entou-
rées de fossés qu'enjambait un pont-levis.

La description de cet hôtel et du domaine en dépendant nous
est heureusement parvenue grâce à l'enregistrement de la donation consentie en 1561 par Me Guillaume Bertrand à son neveu
Jean [1].

.... Et lesquels terres et chasteau d'Avron, ses appartenances
et deppendances consistent de présent en *maisons, cour, grange, puis*
et *jardin*, le lieu ainsi qu'il se poursuict et comporte clos de murs et
fossés avec un pont levis ;

Item, en plusieurs *jardins* qui sont l'entour ladite maison et fossés,
lesdicts jardins clos de hayes vifves ;

Item, en quarante arpens de *boys* tant taillis garennes que grands
arbres ; ·

Item, en quatre-vingts arpens de *terre labourable* ;

Item, en cinq arpens et demy de *vignes* clos de hayes vifves ; le tout
tenant l'un l'aultre et près ledict chasteau ;

Item, en ung *moulin à vent* avec demy arpent de terre et vigne en
la censive des relligieux abbé et couvent de Saincte Geneviefve du
Mont à Paris et chargés envers eulx de vingt deniers tournois de cens
pour arpent ;

Item, en quatre arpens de *pré* assis en ladite paroisse de Nully-sur-
Marne appellés vulgoirement les prés d'Avron, clos et environnés de
fossés en la censive du seigneur de Nully ;

Item, en sept ou huit livres tournois de *rente foncière* et de bail
d'héritage en plusieurs parties.

1. Voy. ci-dessus, p. 19.

§ 2. — Édification d'un château au XVIIe siècle ;
sa description

Nous savons qu'en 1634 le domaine d'Avron était passé aux mains de Claude Le Ragois de Bretonvilliers. C'est, selon toutes probabilités, ce personnage qui fit démolir l'ancien « hôtel », impropre à l'habitation d'un grand seigneur, pour édifier à la place un vaste et magnifique château. Nous développerons tout à l'heure les raisons qui nous conduisent à cette opinion ; il nous paraît utile de faire auparavant la description sommaire de la nouvelle demeure.

Le nouveau château d'Avron occupait un vaste rectangle de 42 toises de longueur sur 24 de largeur (83^m $\times$ 46^m), entouré de fossés pleins d'eau à parements maçonnés et surmontés d'une balustrade en pierre.

Le bâtiment d'habitation principal, haut de deux étages carrés sur rez-de-chaussée surélevé, occupait tout le côté est de ce rectangle et comprenait un corps central à cinq travées avec deux pavillons d'extrémité saillants et deux ailes formant retour sur la cour d'honneur.

D'immenses toitures aiguës couvertes d'ardoises, ornées de lucarnes de pierre à frontons et de cheminées monumentales, complétaient une décoration ferme et sévère des façades, simplement composée de champs, de bandeaux et de tables unies.

Sur l'autre côté de la cour d'honneur, deux pavillons d'angle, agréablement silhouettés en plan aussi bien qu'en élévation, étaient reliés entre eux par une suite d'arcades à pilastres ioniques. L'arcade centrale, surmontée d'un fronton cintré, formait l'entrée d'honneur ; on y arrivait de l'avant-cour par un pont jeté sur le fossé.

Deux autres ponts-levis permettaient aussi, pour la plus grande commodité des promeneurs, d'accéder à la cour d'honneur par les faces latérales en passant sous les porches pratiqués dans les deux pavillons d'angle.

Enfin, sur la face est, une passerelle rejoignant un perron monumental à marches cintrées permettait de descendre directement des salles de réception et d'habitation aux jardins de propreté, riches parterres à dessins d'arabesques dont un miroir d'eau occupait le centre.

A l'extrémité de ces parterres, une terrasse formée par le redressement horizontal du sol naturel dominait les bois de la vallée de l'*Abîme* [1].

Au nord du château, sur l'éperon du plateau avançant vers Villemomble, un enclos de 2.400 perches carrées (10 hectares environ) comprenait le parc avec tapis vert et grande pièce d'eau de 40 toises sur 18 (78^m × 35^m) et quelques jardins d'utilité.

Un petit pavillon de plaisance, érigé sur l'un des côtés du parc en un point d'où la vue était particulièrement étendue et variée, avait fait donner à cet endroit le nom de *Beauregard*, qu'il méritait vraiment.

Sur le plateau, de grands alignements d'arbres rayonnant en éventail au travers des *pelouses* coupaient l'immensité de cette surface plate et donnaient de belles perspectives. Deux de ces avenues conduisaient à la *Mare aux loups* [2] aménagée en pièce d'eau rectangulaire, une autre se dirigeait vers l'église de Rosny.

Enfin, à travers la *Futaie*, deux tranchées rectilignes se dessinaient, l'une perpendiculaire à la façade principale, l'autre allant dans la direction de la chapelle de Neuilly.

La vue perspective du château, d'après une gravure de l'époque, et la restitution du plan d'ensemble que nous donnons hors texte nous dispenseront d'une plus ample description.

Au résumé, l'ensemble du domaine, tant bâtiments que terrains aménagés à l'entour, était d'aspect plus imposant qu'intime ; il jouissait surtout, comme l'on disait alors, « d'une grande exposition ».

Des fenêtres du château, par-dessus les arbres du parc et les alignements de la pelouse, se déroulait en effet un magnifique panorama qui devait rendre enchanteur le séjour de ce lieu.

---

1. Des vestiges du mur de soutènement de cette terrasse sur la rue du Bois-Châtel se voient encore aujourd'hui, en face l'avenue des Caves. Ils se composent d'un blocage de pierres siliceuses (meulière-caillasse qu'on trouve sur le sommet du plateau) hourdées au mortier de chaux. L'épaisseur à la base est de 1^m 25 environ. V. dessin, p. 37.

2. Les loups étaient encore nombreux dans la région à la fin du xviie siècle ; monseigneur le duc de Bourgogne, petit-fils de Louis XIV, allait parfois au Raincy, chez le marquis de Livry, chasser à courre le loup dans la forêt.

A l'ouest, à la distance de près de deux lieues, c'étaient les collines de Fontenay, de Montreuil et de Romainville ; puis, en tournant vers la droite, par-dessus le château et les bois voisins de la Garenne, la vaste étendue de la plaine Saint-Denis jusqu'aux collines brumeuses de Gonesse et d'Écouen.

Au nord, l'horizon se rapprochait et le château du Raincy, construit par Bordier vers 1650, présentait à flanc de coteau ses féeriques jardins encadrés par la forêt de Livry.

A l'est, au delà des bois de l'Abîme, s'apercevaient le château de Launay et le village de Gagny surmonté de la verdure sombre des bois de Montfermeil.

Au sud, la vue s'étendant progressivement, parcourait, depuis l'antique village de Noisy-le-Grand, toute la ligne de coteaux boisés qui dominent les bords de la Marne jusqu'au delà de Villiers, Champigny et Chennevières, puis atteignait la plaine de Villeneuve-Saint-Georges et la forêt de Sénart, sur la droite de laquelle le donjon de Montléry ne semblait plus sur la ligne d'horizon qu'une borne minuscule.

A quelle époque doit-on faire remonter la construction de cette magnifique demeure ? Quels artistes l'ont construit ? Quels autres l'ont décoré, aménagé son parc ? Ce sont là des questions auxquelles, en l'absence de documents précis, il est difficile de répondre. Cependant, il est à peu près certain qu'on peut placer la date de l'édification entre les années 1634 et 1650.

Claude Le Ragois qui avait acquis la seigneurie d'Avron en 1634 avait dû être, quelque temps auparavant, possesseur par indivis avec Jean Le Nain du château de Tillemont, situé sur la hauteur de Montreuil, dans une situation qui n'était pas sans analogie avec celle de sa nouvelle acquisition [1].

---

1. S'il ne fut pas propriétaire de Tillemont, il dut y faire en tous cas de fréquents séjours. D'après Lebeuf, ce château de Tillemont était, en 1631, commun à Séraphin Le Ragois, conseiller du Roi, et Marie du Lac, sa femme, et à Jean Le Nain, seigneur de Beaumont, et Marie Le Ragois, son épouse. Nous savons d'autre part (*Hist. de Noisy*, p. 62) que Bénigne Le Ragois (1622-1700), fils de Claude, fut ensuite seigneur de Tillemont.

Le possesseur le plus célèbre de Tillemont fut, sans contredit, l'abbé *Sébastien Le Nain*, un des plus savants écrivains de Port-Royal, mort en 1698.

Suivant Lebeuf, Tillemont appartenait, vers 1750, à M. Bucy, payeur de rentes. J'ai en effet trouvé mention, dans les registres de catholicité de

Il voulut certainement, en cette circonstance, faire d'Avron une résidence surpassant en splendeur le domaine de Tillemont.

Claude Le Ragois se montra du reste très attaché à notre région ; il y fit de nombreuses et successives acquisitions : on sait qu'il acheta notamment, en 1643, la terre de Noisy-le-Sec rattachée à la seigneurie de Villemomble.

Bénigne, son fils, marqua les mêmes sentiments. Il se rendit acquéreur, vers 1676, de ladite seigneurie de Villemomble, en fit démolir le vieux castel à demi ruiné et transporta la résidence seigneuriale dans la nouvelle maison d'Avron.

D'autre part, la gravure d'Israël Silvestre [1] que nous avons reproduite — donnant la vue perspective du château — paraît remonter, quoique non datée, aux environs de 1650.

Enfin, détail minime sans doute, mais encore concluant, M. Grégy, possesseur actuel d'une partie des terrains sur lesquels s'élevait le château, découvrit, il y a une dizaine d'années, en démolissant les murs de soutènement de la terrasse sur la rue du Bois-Châtel, plusieurs deniers datant de 1649, noyés dans la maçonnerie, vers la base : menue monnaie perdue là peut-être par quelque ouvrier employé à la construction de ces murs [2].

Villemomble (année 1751), d'un *M. de Bussi*, seigneur de Tillemont, demeurant à Paris, paroisse Saint-Sulpice.

Par suite du mariage de *Françoise de Bussy*, cette seigneurie passa peu après à la famille *Choulx de Biercourt* qui la possédait au moment de la Révolution.

Le château de Tillemont fut démoli par la « bande noire », en 1807.

1. Israël Silvestre, dessinateur et graveur célèbre, d'une famille originaire d'Écosse, né à Nancy le 15 août 1621, reçu à l'Académie en 1670, mort à Paris le 11 octobre 1691. Il fut l'ami intime de Lebrun.

Voyez : *Israël Silvestre et ses descendants*, par Meaume. Nancy, 1852, in-8°. — *Catalogue de l'œuvre d'Israël Silvestre*, précédé d'une notice par Faucheux. Paris, 1857, in-8°.

Meaume a dit de lui avec raison : « Nul n'a su mieux que lui disposer l'ordonnance de ses sujets, observer les règles de la perspective, mettre en relief les objets principaux qu'il veut représenter, de manière à produire l'effet le plus pittoresque sans s'écarter de la fidélité... » Les Pérelle ont gravé d'après les dessins d'Israël Silvestre.

2. Il faut insister sur cette circonstance que les pièces étaient franchement dans l'épaisseur de la construction, entre la fondation et l'élévation, et non dans les terres voisines latéralement. M. Grégy se porte garant de ce fait. Outre ces indications, M. Grégy a bien voulu extraire de ses anciens titres de propriété quelque notes qu'il nous a communiquées et que nous

Cette découverte prouve de façon absolue que la terrasse ne fut pas entreprise avant 1649, mais il est possible que la construction du château ait été commencée quelques années auparavant [1] : c'est même vraisemblable.

utilisons plus loin : nous le remercions sincèrement, ainsi que M. Bertheau, en compagnie duquel nous visitâmes, en juillet 1906, les derniers vestiges d'Avron.

1. Nous avons vainement cherché dans les registres paroissiaux de Neuilly-sur-Marne quelques renseignements sur l'époque de la construction du château d'Avron. Dans ces registres, qui commencent à l'année 1551, nous n'avons rencontré sur la domesticité ou le personnel d'Avron que les extraits ci-après :

1635. — 16 janvier. Baptême de Geneviefve, fille de Michel Cottin jardinier et de Geneviefve Jacquart, ses père et mère, demeurans à Avron.

1639. — Le 5 février a esté baptisé Paul Cottin fils de Michel Cottin et de Geneviefve Jacquart ses père et mère. Le parain : Maistre Paul Bin conseiller du Roy et [   ] général en la cour de ses monnoies ; la maraine : damoiselle *Marie Ragois*, fille de Messire *Claude Le Ragois*, seigneur de *Bretonvilliers*, *d'Avron*, conseiller du Roy en ses conseils et secrétaire ordinaire du Conseil d'Estat et des Finances de Sa Majesté.

1644. — 11 mars. Baptême d'une fille de Nicolas Hérisson ; le parrain : Charles Pintau, jardinier demeurant à Avron.

1656. — 5 mars. Baptême d'un fils de Guillaume Bagnouel, vigneron à la Montagne ; le parrain : Mathurin Cottin demeurant à Avron.

1698. — 28 avril. Mariage de Claude Bouché, jardinier de *Mr le Président de Bretonvilliers* en son château d'Avron ; témoin : Mathurin Cottin, concierge dudit château.

1731. — 25 juin. Baptême d'un fils de Michel Louët, jardinier à Avron, et Geneviève Aumont, son épouse. Parrain : Messire Pierre-François Milan, chevalier, seigneur de Cornillon, officier au régiment des gardes françaises ; marraine : haute et puissante dame *Félicité de Milan de Cornillon*, épouse de haut et puissant seigneur Messire *Bénigne Le Ragois*, chevallier, seigneur marquis de Bretonvilliers.....

1731. — 10 août. Décès d'un fils de Claude Mansel, jardinier à Avron.

1747. — 18 septembre. Baptême d'un fils de Claude Mentienne, concierge et jardinier du château d'Avron.

1756. — 23 janvier. Inhumation au cimetière de Neuilly du corps de Claude Mentienne, concierge et jardinier demeurant au château d'Avron, « trouvé avant hier *noyé dans les fossés dudit château*, dont le cadavre a été visité par ordre de justice comme il appert par le procès-verbal fait par le sieur Etienne Cottereau, lieutenant ordinaire de la prévôté dudit Avron du jour d'hier. »

Du reste, si l'on en juge d'après la gravure de Silvestre, tout dans le style de l'architecture fait supposer une date se rapprochant du commencement du xviie siècle. Le parti d'ensemble, aussi bien que le décor et les détails, relève de ce que l'on est convenu de dénommer style Louis XIII.

A ce style appartiennent en effet sans conteste les hautes toitures aiguës avec leurs cheminées monumentales, système de couverture à peu près abandonné vers 1650 pour les combles brisés mis à la mode par l'architecte Mansart.

Non moins caractéristiques sont, sur les façades latérales, les motifs de deux croisées-lucarnes réunies par un fronton cintré et brisé, c'est-à-dire interrompu dans le milieu, avec enroulement en volute de la moulure, pour faire place à une niche circulaire surmontée elle-même d'un fronton droit. Motif superbe et traité de main de maître.

Nous pourrions pousser plus loin ces exemples, remarquer le dessin des tables agrémentant les trumeaux, étudier les consoles renversées qui flanquent les lucarnes, etc. De nouveaux arguments seraient superflus [1]. Arrêtons-nous ici en exprimant le regret que les textes ne nous aient pas conservé le nom de l'architecte qui conçut et fit exécuter cet ensemble si harmonieux et si pur dans sa savante simplicité ; déplorons également l'absence de tous renseignements sur l'ornementation intérieure du logis qui devait certainement répondre à la majesté du décor extérieur, car jamais le goût de la peinture décorative ne fut plus répandu chez les particuliers que sous le règne de Louis XIV [2].

1758. — 1er novembre. Baptême de Jacqueline, fille de Nicolas Réveillé, concierge et jardinier d'Avron, et de Marie-Marthe Dinault, sa femme.

Dans les registres de Villemomble, qui ne remontent qu'à 1700, nous trouvons mentionné : en 1715, Marie Baucheron, jardinière à Avron, et en 1720, Jean Mory, jardinier du château d'Avron.

1. La construction de pierre, ou de plâtre simulant la pierre, au lieu de la brique très employée au début du xviie siècle, n'apporte aucune contradiction à notre opinion. Outre que certains architectes, comme Debrosse († 1626) par exemple, s'en sont toujours servi pour leurs travaux, Du Cerceau, dans son livre « Exellents bâtiments de France », déclare la pierre d'un caractère plus noble ; ce pouvait donc être un choix motivé par le caractère voulu de l'édifice.

2. La famille Bretonvilliers aimait du reste le faste et l'ostentation ; c'est

§ 3. — Les démolitions successives du château d'Avron.

Le château d'Avron était encore à peu près tel que nous venons de le décrire en 1782, le plan dressé à cette époque par Semane en fait foi [1], et nous savons que M. François Gondot y habitait encore en 1785 [2].

Toutefois la propriété avait déjà subi un démembrement puisque, dans la vente consentie par M. Gondot à Anne Delpech, il n'est plus question que de 60 à 80 arpens, au lieu de 120 que comptait primitivement le domaine de cette seigneurie [3].

Neuf années plus tard les bâtiments, vraisemblablement en grande partie démolis, étaient au surplus transformés en locaux pour l'exploitation agricole.

Dans la vente à Robert (18 thermidor an II) il est en effet question : « d'un ci-devant château ; deux cours, dans l'une des-

au président Bénigne Le Ragois de Bretonvilliers (+ en 1700, fils de Claude, que l'on doit la construction d'un hôtel dans l'Ile Notre-Dame, hôtel réputé parmi les plus beaux de Paris et dont Piganiol de la Force fait une description enthousiaste :

« La maison de M. de Bretonvilliers est à la pointe de l'Isle. On diroit que la rivière a été conduite au pied de son quai, exprès pour lui servir de canal. Quoique cette maison soit grande, belle et propre à loger un grand seigneur, sa situation est si heureuse, qu'on oublie presque tout, pour ne s'occuper que de la vue. Ce fut M. Le Ragois, président en la Chambre des Comptes, qui la fit bâtir. Il fit aussi faire le quai qui environne la pointe de l'isle, tout de pierres de taille sur pilotis, dans un endroit où la rivière est très profonde et très rapide, et il employa 800.000 livres à cet ouvrage et aux seules fondations de cet édifice. »

On y remarquait une galerie peinte par Bourdon (1616-1671), et dans une salle de l'appartement d'en bas d'excellents tableaux copiés par Mignard (1601-1695) d'après les plus beaux originaux de Raphaël, puis dans une autre pièce quatre grands tableaux du Poussin (1594-1665) qui représentaient le passage de la mer Rouge, l'adoration du Veau d'or, l'enlèvement des Sabines et le triomphe de Vénus. Les fermiers-généraux y transférèrent, en 1719, le bureau des aides et du papier timbré qui était auparavant à l'hôtel de Charny, rue des Barres.

1. V. ce plan reproduit en planche hors texte.

2. V. ci-dessus, p. 27, vente à Anne Delpech.

3. On peut supposer que la différence représentait l'étendue de « la Pelouse » qui paraît avoir été donnée aux habitants de Rosny dans le cours du xviiie siècle. — V. plus loin, chap. V, § 3, p. 52.

Les ruines de la terrasse d'Aviron. — Rue du Bois-Châtel (1906).

« quelles sont les granges et autres bâtimens propres à l'exploi-
« tation, avec logement de jardinier, et l'autre entourée de fos-
« sés pleins d'eau et empoissonnés, revêtus de maçonnerie, con-
« tenant le colombier, la laiterie, écurie, remise et autres bâti-
« mens[1]. »

En 1806 eurent encore lieu de nouvelles démolitions. Les commissaires répartiteurs de la commune de Rosny, réunis le dimanche 7 août 1808, reconnurent en effet que le conseil municipal avait droit de réclamer une réduction de la contribution foncière pour 1809, « attendu que le château d'Avron, imposé les années précédentes sur un revenu de 927 livres, avait été démoli depuis environ deux ans »[2].

Quelques bâtiments, construits avec les débris des précédentes démolitions, subsistèrent néanmoins jusqu'en 1845[3], date à laquelle MM. Delépine et Renaud, s'en étant rendus acquéreurs, opérèrent un dérasement complet et vendirent les matériaux[4].

En 1850, les fossés d'enceinte, quoique privés de leurs murs de revêtement et à demi comblés, étaient encore pleins d'eau et très poissonneux.

Aujourd'hui, de tout ce qui fut un splendide ensemble décoratif, il ne reste plus que des débris informes du mur de soutènement sur la rue du Bois-Châtel, et, à quelques mètres de distance, un puits étroit mais très profond communiquant, dit-on,

---

1. V. plus loin, p.55.

2. Reg. de délibérat. du conseil municipal de Rosny. — Les répartiteurs admirent en outre un dégrèvement sur la contribution mobilière ,« à cause de la non résidence de Monsieur Decrécy, propriétaire du château démoli ». — V. aussi ci-dessous, p. 51, contestation avec la commune de Neuilly-sur-Marne.

3. Comparer le plan cadastral de 1812 avec le plan dressé par Semane en 1782. On voit qu'il ne restait plus rien de l'ancien corps d'habitation principal.

4. V. plus loin, p. 56. — C'est ce qui explique que M. Bournon, dans ses monographies de Rosny et Villemomble, ait cru pouvoir écrire, d'après les dires erronés de plusieurs habitants de la région, que le château d'Avron n'avait été démoli que vers 1850. — Dès 1812 cependant, Oudiette, dans son *Dictionnaire des environs de Paris*, écrivait : « Le château d'Avron qui était dans les dépendances de cette commune (Rosny) a *été démoli.* » — Le *Dictionnaire* de M. P. Saint-Ange, imprimé en 1816, prétend que cette demeure, *presque entièrement détruite*, ne présentait plus au voyageur que des ruines hideuses.

avec une vaste chambre voûtée en croisée d'ogives : vestige possible de l'ancien hôtel du moyen âge.

§ 4. — Notes sur quelques noms de lieux du plateau.

Gallemard ou Beauregard. — Dans un acte du 20 janvier 1636 intéressant la paroisse de Villemomble [1], on trouve mention d'une pièce de vigne, lieu dit Gallemart. Sur la couverture de cet acte un notaire écrivit postérieurement (mais avant 1789) « Gallemart *ou* Beauregard ».

Il faut donc admettre que le nom de Beauregard n'a été appliqué au parc d'Avron qu'après la construction, sur la limite de Villemomble et de Rosny, d'un petit pavillon de plaisance dont nous nous sommes occupés précédemment.

On sait aussi, d'autre part, que la portion du parc de Beauregard située sur le territoire de Villemomble portait le nom de *fief d'Auvilliers* [2].

Le moulin d'Avron. — Dans la donation faite en 1561 par Guillaume Bertrand à son neveu se trouve compris : « ung moulin à vent avec demy arpent de terre et vigne en la censive des relligieux abbé et couvent de Saincte-Geneviefve du Mont à Paris, chargé envers eulx de 20 deniers tournois de cens pour arpent. »

Ce moulin existait encore en 1645 ; les minutes du tabellionnage de Neuilly-sur-Marne [3] contiennent en effet, à la date du 24 juillet de cette année 1645, une promesse et contrat de mariage entre Pierre Godot, « meusnier demeurant au moullin d'Avron, estant de présent à Neuilly, pour luy en son nom, et Nicolle Payen demeurant audit Neuilly, pour elle en son nom d'autre part » [4].

Mais en 1785 le moulin d'Avron était démoli, probablement depuis nombre d'années déjà.

1. Arch. nat., S. 3602.
2. V. plus haut, p. 26 et 28. Vente par Gondot à Delpech.
3. Arch. nat., ZZ. 272. Minutes du tabellionage de Neuilly.
4. On trouve aussi dans les registres paroissiaux de Neuilly, le 19 juin 1644, parrain à un baptême : Jean Godet (ou Godot) « musnier d'Avron »,

Le fief de la Montagne. — Nous savons que le petit écart de Neuilly connu sous le nom de « la Montagne » avait une origine très ancienne. Il y avait là en tous cas, dès le XVIᵉ siècle, une ferme de quelque importance. Des appartements de maître devaient y être annexés, car les seigneurs du fief y faisaient de longs et fréquents séjours [1].

Loyse Damoisellet, femme de Pierre Demougeot, habitait en 1618 « à la Montaigne, paroisse du Nully [2] »; je suppose que le seigneur du lieu était alors Loys ou *Louis d'Aunon* (Donon ?), général de l'artillerie (?), mais il y a quelques doutes sur ce point [3].

Jean Brignon (ou Grinion) et Jeanne Brisson, sa femme, étaient en 1637 et 1640 laboureurs à la Montagne [4]; Jean Gateble, vigneron, demeurait également en ce lieu en 1642 [5].

Les registres paroissiaux de Neuilly nous apprennent aussi que le 11 juillet 1639 avait été baptisée une fille d'Étienne Bouquin, « vigneron de *Monsieur de la Montagne* ».

Ce sieur de la Montagne était **Pierre de Donon**, écuyer, qui mourut, croyons-nous, en 1655. De *Magdeleine de Lorme*, sa femme, morte en 1658, il eut une fille *Madeleine* qui épousa, le 21 octobre 1681, **Pierre Larcher**, président en la chambre des Comptes.

Les extraits suivants des registres de Neuilly fournissent quelques renseignements intéressants sur la famille Donon et sur ses relations de voisinage :

Le 20ᵉ jour de janvier 1641 a esté baptisée Perrette, fille de Jacques Chevalier et de Janete Montauban ses père et mère ; le parrain a esté

---

1. Sur la carte de Delagrive (1730) sont figurés de vastes bâtiments encadrant une cour triangulaire ; à l'un des angles, une tourelle servant probablement de colombier.

2. Arch. nat., ZZ¹ 270.

3. « Le 24ᵉ jour de may 1620 fut baptisé Loys, fils de Denys Benoitte et d'Anne Michelette, nommé par Loysd'Aunon, général de l'artillerie, et dame Anne Segneville ses parain et maraine. — Fait par moy soubsigné : Gilles Delacotte [prestre vicaire de Neuilly]. »

4. Arch. nat., ZZ¹ 271, — et reg. de cathol. de Neuilly, année 1637.

5. Arch. nat., ZZ¹ 272.

M° *Pierre de Donon* escuier sieur de la Montagne, et la marraine Diane de Corbie femme de Monsieur de Carrière escuier [1].

Le 24° jour de janvier 1655 fut baptisé Jean-Baptiste Bagnouel..... le parrain a esté Mre Jean-Baptiste du Hamel [2] curé de Neully, et la

marcine damoiselle *Madelaine de Dosnon* fille de Mre *Pierre de Dosnon* escuyer, sieur de la Montagne.

Le 5 du mois de mars 1656 est né un fils du mariage de Guillaume Bagnouel et de Jeanne Darderonne vignerons de *Madame de la Montagne*, lequel pour péril de mort a esté baptisé par M° *Pierre Donon* prestre ; et le 6 dudit mois led. enfant a esté apporté à l'église de Neuilly s. Marne, auquel moy vicaire dudit lieu ay administré les sacres, cérémonies et prières de nostre Sainte-Église, et a esté nommé Mathurin. Le parrain a esté Mathurin Cottin demeurant à Avron et la maraine Marie Selincart femme de M^r le recepveur de Villemomble. — Signé : Bassac [3].

Le 25° jour de mars 1658 a esté mise en terre dans le cœur de cette église Madame *Magdeleine de Lorme* femme de *Pierre de Donon* escuyer seigneur de la Montagne. Signé : J.-B. du Hamel.

Le 2 octobre 1681, mariage de M° *Pierre Larcher*, président en la

chambre des Comptes à Paris, y demeurant, et Demoiselle *Madelaine de Donon* fille majeure. En présence de : Mre Philippe de la Mothe,

---

1. Chevallier guidon des gendarmes de Monseigneur le duc d'Angoulême, capitaine d'une compagnie de chevau-légers.

2. *J.-B. du Hamel*, né en 1623, mort en 1706. Fils d'un avocat de Vire en Normandie ; curé de Neuilly de 1653 à 1663 ; secrétaire perpétuel de l'Académie des sciences, fondée en 1666 par Colbert. Auteur de plusieurs traités de mathématiques, de physique et de théologie.

3. *Laurent le Bassac*, vicaire de M. du Hamel, puis curé de Neuilly de 1663 à 1696.

prêtre ; Mre Guillaume le Bernerois [1], prestre, vicaire dudit Neuilly ; Louys de Godron, écuyer, seigneur de Lyons, cousin issu de germain

de ladite Damoiselle de Donon ; et de Jacques Lamoureux, jardinier demeurant au fauxbourg St-Anthoine à Paris. Signé de Bassac, curé, et des époux et témoins.

Vers la fin du dix-septième siècle ou les premières années du dix-huitième, le fief de la Montagne dut être acquis par la famille Bretonvilliers. **Bénigne le Ragois**, lieutenant général au Gouvernement de Paris, mort en 1760, se disait en effet seigneur de ce lieu [2].

Les Cahouettes. — Tout près de la Montagne se trouvait le bois et lieu dit « les Cahouettes », nom dont l'orthographe varie beaucoup dans les textes.

Dans un procès-verbal d'arpentage fait le 18 février 1574 par Jean Fremy, « arpenteur et mesureur du Roy, demeurant à Monstreuil sur le Boys de Vincennes », nous le trouvons écrit les *Cahouettes* [3].

Sur le plan dressé en 1782 par Semane on lit *les Cavouettes* ; et sur le plan Ragoulleau de 1822, *les Choittes*.

Cahouette ou cavouette paraît être une corruption du mot chouette.

Dans le *Dictionnaire étymologique* de Ménage on lit en effet, à l'article *chouca, chouette, chouchette, chouca* : « Robert Estienne a remarqué dans son *Dictionnaire français* que les Picards disaient *cave et cavette.* »

Or on sait (v. Charles Nisard, *Etudes sur le langage populaire des environs de Paris*) que le patois de la banlieue est et nord-est a reçu fortement l'empreinte du picard.

1. *Guillaume le Bernerois*, natif de Coutances, fut curé de Neuilly après Laurent le Bassac, c'est-à-dire de 1696 à 1716.

2. *Histoire de Noisy-le-Sec*, p. 63 ; voy. aussi ci-dessus, p. 24, note.

3. Arch. nat., ZZ^1 269. — Lundy 18e février 1574; mesurage d'une pièce de vigne sise sur le territoire de Neuilly, lieu dit les Cahouettes.

D'autre part, dans les registres paroissiaux de Neuilly-sur-Marne, on trouve mention de Nicolas Cahouët, vivant en 1670, et de Jean Cahouët, maçon, décédé en 1678 à l'âge de 76 ans. Cette famille cependant ne paraît pas remonter à Neuilly au delà du XVIIe siècle, de sorte que l'on ne sait trop s'il faut voir dans cette similitude de noms autre chose qu'un simple hasard.

Autres noms de lieux. — Les autres noms de lieux pouvant offrir quelque intérêt pour l'étude topographique de la colline d'Avron sont :

Sur le territoire de Villemomble, la *Garenne* (voir chap. VII) la *Côte des levants*, le *bois Chelot*, le *bois Châtel*, la *Galiotte*, l'*Abîme*, les *Enfers*, tous figurant au cadastre de 1812 ou sur le plan Ragoulleau de 1822 ;

Sur l'ancien territoire de Neuilly-sur-Marne (aujourd'hui sur Neuilly-Plaisance), la *Futaie*, les *Pique-bœufs*, la *Pelouse de Neuilly*, les *Cailloux*, les *Roses*, les *Nivards*, les *Saint-Denis*, le *Grand Sentier*, la *Mare aux loups*, tous indiqués au cadastre de 1819, et le *Bois des Demoiselles*, ainsi nommé parce qu'un sieur Lhuillier, de Gagny, qui en était propriétaire vers 1850, le choisit pour la sépulture de ses trois filles [1] ;

Sur le territoire actuel de Rosny, la *Grande Pelouse*, les *Graviers*, la *Côte des Chênes*, les *Battis*, la *Féronne*, les *Bertauds*, la *Barbodière*, les *Pucelles* et les *Changis*, tous indiqués aux anciens cadastres et même encore sur les cartes modernes.

---

1. Les anciens de Neuilly se rappellent avoir été invités à l'inhumation de la troisième, il y a environ 40 ans. Quelques années après, les corps des trois demoiselles furent exhumés pour être transportés dans une sépulture moins isolée et moins sylvestre, mais plus convenable (Charasson, *Hist. de Neuilly-sur-Marne*, p. 138).

CHAPITRE V

MODIFICATIONS TERRITORIALES; LOTISSEMENTS

§ 1. — LIMITES DE L'ANCIENNE PAROISSE DE NEUILLY-SUR-MARNE.

Le château d'Avron, ainsi que le hameau de la Montagne, dépendait anciennement de la paroisse de Neuilly-sur-Marne. Les actes notariés, les minutes de tabellionnages, aussi bien que les registres paroissiaux que nous avons consultés ne laissent aucun doute à cet égard.

C'est donc à tort que l'abbé Lebeuf écrit, à l'article Villemomble [1], les lignes suivantes qui prêtent à confusion :

« Le gros du village (de Villemomble) est situé dans un fond au bas de la montagne sur le haut de laquelle est construit le château d'Avron.

Quelques maisons, écartées du côté du midi, ont formé un petit hameau appelé la Montagne, qui est placé en tirant vers Neuilly-sur-Marne. »

On conserve du reste aux archives de Seine-et-Oise un procès-verbal d'arpentage, fait en l'an 1782, qui vient certifier notre affirmation. Ce document, fort important pour l'étude topographique de la région, est demeuré inconnu de l'abbé Charasson, l'auteur d'un intéressant ouvrage sur la paroisse de Neuilly [2]. C'est une raison de plus pour nous de le reproduire intégralement ici, malgré sa longueur.

1. *Hist. du diocèse de Paris*, t. II, p. 559, édition Bournon.
2. L'abbé Aristide Charasson, *Neuilly-sur-Marne, ses souvenirs*, 1903.

Élection de Paris.   Subdélégation de Lagny.

Procès-verbal d'arpentage de la paroisse de Neuilly-sur-Marne.

L'an mil-sept-cent-quatre-vingt-deux, le 14 octobre et jours suivants,

Nous, Jean-Baptiste Semane, arpenteur demeurant à Paris, certifions qu'en vertu de l'ordonnance de Monseigneur l'Intendant de la Généralité de Paris, en datte du 17 janvier 1782, nous nous sommes transportés dans la paroisse de Neuilly-sur-Marne, Élection de Paris, Subdélégation de Lagny, à la réquisition du sieur de la Corre, commissaire g[l] des Impositions, à l'effet de procéder à la levée générale, mesurage et arpentage du territoire de ladite paroisse de Neuilly-sur-Marne, où, étant arrivé, nous nous sommes adressés au nommé Vincent Guérin, sindic actuel, pour qu'il nous fournisse, conformément à notre commission, les indicateurs nécessaires à notre opération ; ledit Vincent Guérin nous auroit sur le champ fait accompagner par les nommés Claude Gaston Vitry et Vincent Baudille Limosin, indicateurs, tous habitants de ladite paroisse.

Lesquels sindics et indicateurs nous ont d'abord conduit sur les limites du territoire et, après en avoir avec nous fait le pourtour, nous avons reconnu que la totalité tenoit du nord et nord-est au territoire de la paroisse de Gagny, du levant à celui de Gournay, du midi et sud-est au territoire de Noisy le Grand, la rivière de Marne entre deux, du sud-ouest à ceux de Nogent et Fontenay-au-bois, du couchant au territoire de Rosny, et du nord-ouest à celui de la paroisse de Villemomble ; et que la circonscription qui nous a été indiquée s'étendoit à partir vers le couchant du bord du grand lit de la rivière de Marne où se jette la petite rivière Madame, laquelle nous avons suivi l'espace de 42 perches, à raison de dix-neuf pieds quatre pouces pour perche, et cent perches l'arpent, parti vers le nord-ouest et parti vers le nord est, le territoire de Gournay sur notre droite, jusqu'au pont qui est sur la route de Paris à Lagny où traverse le chemin de Gagny à Gournay ; lequel chemin nous avons suivi vers le nord ouest ses contours l'espace de deux-cent trente cinq perches huit pieds, ayant eu le territoire de Gagny sur notre droite, nous sommes arrivés à la croisée que forme le dit chemin de Gagny à Gournay avec l'ancien chemin de Paris à Lagny, où sont plantés les pilliers de la justice de Maison-Blanche, à un gros arbre ; de là suivant toujours à notre droite le territoire de Gagny, et dirigeant un peu vers le sud-ouest, une ligne droite de quatre-vingt-quatorze perches traversant les terres de la ferme du Chenay et à Monsieur Girard, et un chemin de Maison-Blanche à Ville-Évrard, nous sommes arrivés à une borne plantée à l'angle saillant du mur du parc de Maison-Blanche, à l'entrée de la ruelle de la maison du jardinier; de là, suivant toujours à droite le territoire de Gagny, nous avons dirigé vers le sud ouest une ligne droite de soixante-seize chaines huit pieds sur l'angle du mur du parc de Maison-Blanche, qui répond dans la grande avenüe, et cela en traversant ledit parc; de là, ayant toujours le territoire de Gagny sur notre droite, nous avons dirigé vers le couchant une ligne droite de quatre vingt quinze perches six pieds, en traversant un pré à Monsieur Girard, des terres aux Messieurs de St-Maur, le sieur Cordier, Monsieur Girard et Monsieur Hocquard; et nous sommes arrivés à une borne plantée à la fourche du chemin de Gagny à Neuilly et d'un chemin de Villemomble où se réunit une voyerie, nommée voyerie d'Enfer, laquelle borne fait séparation du territoire de Neuilly, de celui de Gagny, et celui de la paroisse de Villemomble ; ensuite nous avons suivi à peu près vers le couchant les contours de la susdite voyerie d'Enfer, l'espace de cent-quarante-quatre perches quatre pieds, ayant trouvé treize bornes de plantées au long, et ayant suivi sur notre droite le territoire de Villemomble ; de là, dirigeant vers le nord l'espace de dix perches, nous avons trouvé une quatorzième borne plantée au bord d'une terre au sieur Dijon ; de cette quatorzième borne, nous avons suivi vers le couchant les sinuosités d'un fossé de vuidange, l'espace de soixante-sept perches, et nous sommes arrivés au bord du chemin de la voyerie, ayant trouvé le long dudit fossé six bornes, dont la sixième que nous dénommerons la vingtième que nous avons rencontrée se trouve plantée sur le bord susdit chemin de la voyerie; de là, dirigeant vers le nord-ouest l'espace de soixante perches, en traversant le bois de l'abîme et une terre à Madame de Villemomble, nous sommes arrivés au chemin du bois Chelaut, *passant au long du parc d'Avron*, où nous avons trouvé une vingt-unième borne, plantée sur le bord d'une terre à Madame de Villemomble; de là, dirigeant vers le couchant en *traversant le parc d'Avron*, à une distance de quarante-sept perches, nous avons trouvé une vingt-deuxième borne plantée au bord du chemin de Villemomble à Avron, lequel nous avons suivi vers le midi, l'espace de seize châines de quatre pieds, et nous avons trouvé une vingt-troisième borne plantée au bord d'une terre à Mⁿᵉ de Villemomble ; de là, dirigeant vers le couchant l'espace de trente huit perches trois pieds, nous avons trouvés une vingt-quatrième borne plantée au bord d'un fossé de vuidange et d'une terre à Monsieur de la Garenne [1] ; de cette vingt-quatrième borne en

1. La Garenne, fief situé sur le versant du plateau d'Avron dépendant de la paroisse de Villemomble. V. plus loin, chap. VII.

suivant ledit fossé partie vers le midi et partie vers le sud-ouest l'espace de vingt-neuf perches, nous avons trouvé au long dudit fossé quatre bornes, dont la quatrième que nous dénommerons la vingt-cinquième que nous ayons trouvés se trouve plantée à l'angle d'un petit bois à Monsieur de la Garenne qui donne sur les communes de Rosni, joignant les *terres d'Avron*, laquelle borne fait séparation du territoire de Neuilly de celui de Rosny et de Villemomble, lequel nous avons toujours eu sur notre droite depuis le chemin de Neuilly à Gagny ; de cette vingt-cinquième borne, dirigeant vers le sud-ouest une espace de trente-six perches neuf pieds en suivant entre les communes de Rosny et les terres d'Avron, nous sommes arrivés à une *avenue du château dudit Avron* ; de là nous avons dirigé vers le sud-ouest, toujours entre les communes de Rosny et les terres d'Avron, l'espace de onze perches, au bout desquelles nous avons tourné vers le midi et suivi la ruelle du bois de Neuilly, parti encore entre les communes de Rosny et les terres d'Avron et le reste en descendant la montagne suivant ladite ruelle qui s'étend en long du bois de Neuilly jusqu'au chemin de Rosny à Neuilly, le tout l'espace de deux-cent-vingt perches ; ensuite nous avons suivi le long d'un fossé à peu près la même direction l'espace de trente trois perches huit pieds jusqu'à un angle que forme ledit fossé qui fait séparation des communes de Neuilly avec les terres de Rosny, l'espace de quatorze perches dix-sept pieds, et nous sommes arrivés à un angle saillant que forme ladite commune, joignant la terre de Jean Moreau, lequel angle a point de réunion du territoire de Neuilly, de celui de Fontenay et de celui de Rosny que nous avons suivi sur notre droite depuis la vingt-cinquième borne;... ensuite dirigeant vers le sud-est, l'espace de vingt sept perches huit pieds, en suivant le bord des communes de Neuilly et ayant le territoire de Fontenay sur notre droite, nous avons détourné ensuite un peu vers le sud ouest, en suivant toujours sur notre gauche les communes de Neuilly, l'espace de vingt-six perches quinze pieds, au bout desquelles nous avons dirigés un peu vers le sud-est, l'espace de sept perches douze pieds, suivant toujours les communes de Neuilly sur notre gauche, dirigeant ensuite vers le levant, suivant toujours à gauche les dites communes l'espace de trois perches dix huit pieds; et ensuite nous avons dirigé vers le sud-est l'espace de cinquante perches, suivant toujours à gauche les susdites communes ; et ensuite, dirigeant vers le nord-est l'espace de trente perches, suivant toujours à gauche lesdites communes, nous avons détournés ensuite vers le sud-est l'espace de dix-huit perches, ayant toujours les communes de Neuilly à gauche, nous sommes arrivés à un angle desdites communes qui est point de reunion du territoire de Neuilly, de celui de Nogent et de celui de Fontenay, lequel nous avons suivi sur notre droite depuis la terre de Jean Moreau ; ensuite, dirigeant vers le nord est, en suivant à gauche le bord de communes de Neuilly et à droite sur le territoire de Nogent les terres de M. le comte Lablache, l'espace de quarante-huit perches quinze pieds jusqu'au chemin de Plaisance au bois de Neuilly, lequel nous avons suivi en allant vers le bois de Neuilly l'espace de six perches, et nous sommes arrivés au chemin nommé la rue de la Vacherie, laquelle nous avons suivi ses contours dirigeant à peu près vers le sud-est l'espace de cent trente huit perches, et nous sommes arrivés à la grande route de Paris à Lagny, où aboutit le chemin du Péreux et la rue de la Vacherie ; ensuite nous avons dirigé un peu vers le midi l'espace de quatorze perches douze pieds, au bout desquels nous avons trouvé une vingt-sixième borne plantée au bord d'un pré appartenant à Madame Mercier, le long duquel s'étend la limitte, et enfin nous avons dirigé une ligne droite un peu vers le midi l'espace de vingt-neuf perches douze pie ds, traversant les prés à Madame Mercier et autres, et nous sommes arrivés au bout du grand lit de la rivière de Marne, vis à vis le bout d'une petite isle nommée l'isle du Palais, ayant toujours eu sur notre droite le territoire de Nogent depuis sa jonction avec celui de Fontenay. Le reste du territoire se limite au midi, sud est et levant par le grand bras de la rivière de Marne, lequel nous avons suivi ses sinuosités l'espace de sept-cent cinquante huit perches, et cela jusqu'à la petite rivière Madame, expliquée au premier article de notre circonscription.

Telle est ladite circonscription que nous avons établie géométriquement, d'après les indications des sindic et habitants susnommés.

M'étant ensuite occupé de l'arpentage général du plan topographique du territoire dudit Neuilly, à l'effet de dénombrer la quantité totale d'arpents d'héritages dont cette paroisse est composée, la mesure particulière de chaque nature de terrein, tant en terres labourables, prés, vignes, bois, communes, étangs, maisons, bâtiments, cours, jardins, rivières, routes et chemins, le tout nous ayant été montré par les mêmes indicateurs :

Il résulte que le territoire de la paroisse de Neuilly-sur-Marne contient en totalité, à la mesure du lieu de 19 pieds 4 pouces pour perche et 100 perches pour arpent, 2814 arpens 18 perches, réduite à celle du Roi à 2173 arpens 30 perches, Savoir :

	MESURE LOCALE	MESURE DU ROI
En terres labourables......... .	1598 arp. 18 p.	1234 arp. 21 p.
En prés.....................	275 — 19	212 — 52
En vignes...................	188 — 95	145 — 92

En bois.....................	231 arp. 75 p.	178 arp. 98 p.
En maisons, bâtiments, cours, jardins....................	190 — 58 —	147 — 18 —
En communes et friches.......	128 — 7 —	98 — 91 —
En chemins, rivières, ravins, mares et carrières..........	201 — 46 —	155 — 58 —
Totaux........	2814 arp. 18 p.	2173 arp. 30 p.

Dont et de tout ce que dessus, j'ai dressé et arrêté le présent procès-verbal que je certifie véritable. A Neuilly-sur-Marne, ce 28 octobre 1782.

Signé : Vincent Guérin, sindic ; — Claude Gaston Vitry ; — Semane, arpenteur.

NOMS DES CANTONS	BATIMENTS, COURS ET JARDINS	TERRES	PRÉS	VIGNES	BOIS	COMMUNES	TOTAUX DES CANTONS MESURES LOCALES
Avron, les Cavouettes, la Platrière, les Chamoux, le Trou Fégaut, les Pique-Bœufs et le bois de l'Abîme.......	24.91	209.1	»	188.95	69.54	18.58	546.60
Le Temple, Maison Blanche et partie du Petit Bois...........	33.39	99.34	6.50	»	0.96	»	140.19
La Justice, Croix de Ville-Evrard, la Sablière, partie des marais Saint-Baudille, le petit bois et la Fosse aux prêtres	23.95	486.7	17.42	»	1.20	»	528.64
Ville-Evrard, les Bas-Pays, le bois d'Isanne, partie des marais Saint-Baudille, pré de Noisy et la Haute Isle.......	89.43	369.79	132.52	»	1.	1.90	594.64
La ruelle Marguerite, le pré Souri, les Chamois, les Catins, les Fondrières et l'Isle du Palais	18.90	421.95	124.35	»	3.55	22.43	581.38
Commune de la fosse Mariau et le bois de Neuilly............	»	12.2	4.20	»	155.50	49.55	221.27
Totaux des natures de terrains, mesure locale...............	190.58	1.598.18	275.19	188.95	231.75	128.7	2.612.72

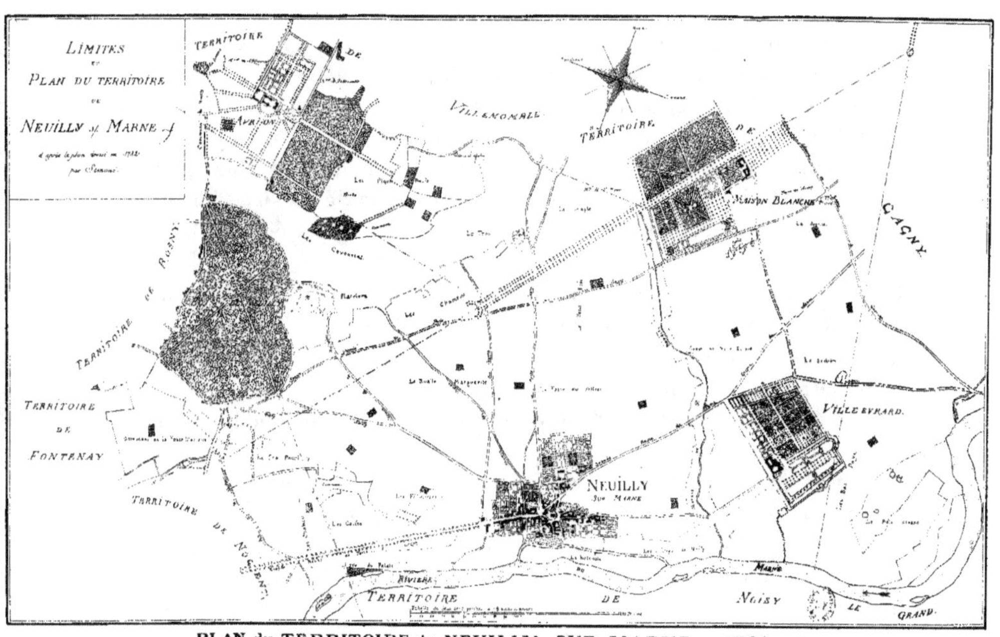

PLAN du TERRITOIRE de NEUILLY - SUR - MARNE en 1782.

§ 2. — RATTACHEMENT DU CHATEAU D'AVRON
A LA COMMUNE DE ROSNY.

En 1790, le château d'Avron et ses dépendances furent compris dans le département de Paris (Seine) et réunis à la commune de Rosny. Une *contestation avec la commune de Neuilly-sur-Marne* résulta de cette décision ; nous en trouvons la trace dans le registre des délibérations de Rosny, à la date du 15 août 1808.

Le 15 août 1808, en conformité d'un arrêté de Monsieur le Conseiller d'État, préfet du département, du 11 octobre 1806 et de la lettre de Monsieur le sous-préfet de Sceaux du 18 juillet dernier, Monsieur de Nanteuil, maire de la commune de Rosny est autorisé à convoquer le conseil municipal de la dite commune par extraordinaire pour délibérer sur les contestations qui existent entre la commune de Rosny, département de la Seine, et celle de Neuilly, département de la Seine et Oise, au sujet de la terre d'Avron.

En 1791 [1], lors de la division de la France en départements, le château d'Avron et sa dépendance ont été compris dans l'arrondissement du canton de Montreuil et réunis à la commune de Rosny. Cette détermination a été fondée :

1° Sur ce que le château d'Avron et les terres en dépendant sont beaucoup plus à proximité de Rosny que de Neuilly ;

2° Sur ce que constamment les propriétaires ont emprunté le terrain de Rosny pour se rendre à leur domicile, n'ayant pas d'autre route ;

3° Qu'en conséquence, ils ont joui des avantages et prérogatives attachés à la commune, qu'ils y ont joui de leurs droits de citoyens, et notamment le lieu dit la Pelouse de Rosny, pour y faire pacager leurs bestiaux, et cela depuis 1791 ;

4° Que des commissaires ont été nommés, l'un par le département de la Seine, l'autre par celui de Seine et Oise, il y a environ trois ans, pour se rendre sur les lieux à l'effet de connaître les motifs qui pourroient militer en faveur de l'un d'eux, et qu'assistés d'indicateurs de la commune de Rosny, les sieurs Paul Maheu et Philippe Ancelin, ceux-ci assurent que d'accord il a été reconnu qu'Avron et ses dépen-

---

1. La reconnaissance du nouveau territoire des communes eut lieu en janvier 1791, conformément aux décrets de l'Assemblée nationale des 20-23 novembre 1790.

dances devoient rester contribuables de la commune de Rosny : procès-verbal a été dressé et a dû être remis à qui de droit ;

5° Dans le cadastre du territoire de Rosny, qui a été dressé il y a environ deux ans, et le bornage fait il y a une année, il résulte que ladite propriété est entièrement dépendante de la susdite commune ;

Pour quoi, par ces différents motifs, les terres en dépendant doivent être comprises dans le cadastre du territoire de Rosny ;

6° Qu'enfin, ledit château détruit, le peu d'habitations qui y reste appartient à un particulier de Paris [1] qui jouit des mêmes avantages, et notamment celui qui est propriétaire des terres qui est habitant et gros propriétaire à Rosny.

Fait et arrêté à la mairie le jour et an que dessus.

Signé : De Nanteuil, maire.

— Epaulard.— J.-L. Epaulard. — J. Bureau. — Desmarest. — Robin. — Cornu. — Bureau. — Ancelin.

Nous n'avons pu retrouver aux archives de Neuilly-sur-Marne la réponse à ces prétentions, les registres de cette commune ayant été partiellement détruits lors de l'invasion de 1815 ; mais un fait est certain : la commune de Rosny eut gain de cause, car le plateau lui appartient aujourd'hui jusqu'à la rue du Bois-Châtel.

§ 3. — MORCELLEMENTS SUCCESSIFS

DE L'ANCIEN DOMAINE D'AVRON-BEAUREGARD.

Le domaine d'Avron, qui comprenait au xvᵉ siècle plus de 120 arpents, subit avant 1785 un premier démembrement ; lors de la vente consentie par Gondot à la baronne de Cailly, la terre d'Avron-Beauregard ne contient plus en effet que 70 à 80 arpents environ [2] : la différence devait constituer, croyons-nous, ce qu'on appelle la *pelouse de Rosny*.

Une tradition encore vivace, conservée parmi les anciens de Rosny, veut précisément que « la pelouse » ait été autrefois donnée aux habitants de cette paroisse, par un seigneur d'Avron,

---

1. Voir plus haut, p. 38, et ci-dessous, p. 56.
2. Voy. ci-dessus, p. 27.

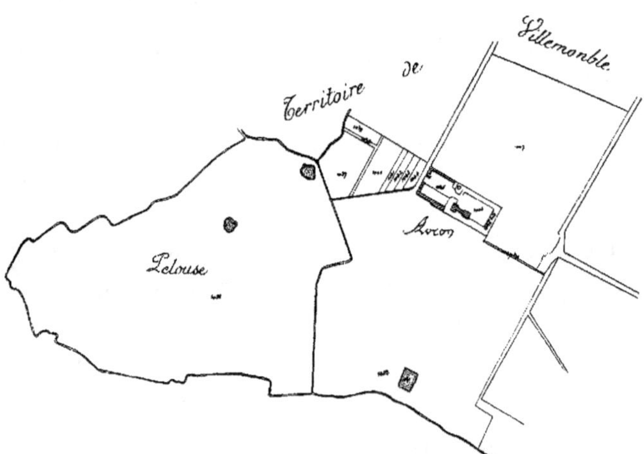

Plan d'Avron d'après le cadastre de 1812.

en reconnaissance des secours portés lors d'un incendie du château. Un fait certain semble en tout cas confirmer cette légende : sur les matrices cadastrales de la commune de Rosny, pour 1812 et 1835, le terrain dénommé *la Pelouse*, d'une contenance de 22 hectares 84 ares 31 centiares d'un seul tenant, est inscrit comme bien communal [1].

Nous savons déjà qu'*Anne Delpech* (dernière « dame » d'Avron, les droits seigneuriaux ayant été abolis dans la nuit du 4 au 5 août 1789) avait vendu la terre et le domaine utile de sa ci-devant seigneurie à **Jean Dupeiron de Lacoste**, directeur de la Monnaie de Paris [2], par contrat passé devant Gillard, notaire, le 5 septembre 1789.

Cette propriété fut ensuite adjugée à l'audience des criées du département de Paris, le 25 avril 1792, au citoyen **Raphaël Carle** et à la citoyenne *Thérèse-Victoire Hautant*, son épouse.

Claude-Alexandre Robert et *Marie-Magdeleine Langaney*, sa femme s'en rendirent ensuite acquéreurs par contrat passé devant Pérignon, notaire à Paris, le 18 thermidor an II (5 août 1794).

---

1. Section B, nº 1036 du cadastre de 1812, et section C, nº 756 du cadastre de 1835.

2. **Jean Dupeiron de Lacoste** était *directeur particulier* de la Monnaie de Paris dès 1771, époque de la construction de l'Hôtel actuel. Son nom figure en cette qualité sur la plaque commémorative de la pose de la première pierre. (Communication de M. Mazerolle, archiviste de la Monnaie). En 1775 il avait comme *adjoint* son fils (*Almanach Royal*).

L'*Almanach des Monnaies* pour l'année 1784 indique *Dupeiron*, directeur et trésorier particulier de l'Hôtel des Monnaies, y demeurant.

Le même almanach donne l'année suivante :

Du Peiron, directeur et trésorier particulier, audit hôtel.
Du Peiron, père, en survivance, également audit hôtel.

Des mentions semblables se lisent dans l'*Almanach Royal* des années 1784 à 1791, avec cette variante qu'à partir de 1789 Dupeiron père est indiqué demeurant rue de la Perle, au Marais.

(V. aussi E. de Wamin, *Cent ans de numismatique française*, t. I, p. 28).

Le 24 mai 1791, le sieur *Dupéron de Lacoste*, directeur de la Monnaie, imposé pour 40 arpents de terre sur la commune de Neuilly-sur-Marne, obtient une modération de 38 livres 5 sols sur l'année 1790 « pour sur charge en l'article de 72 livres de principal » (Charasson, *Neuilly-sur-Marne*).

Au nom de la République Française, le Pouvoir exécutif provisoire :
A tous ceux qui ces présentes lettres verront ; salut.

Claude-Alexandre Robert, citoyen de Paris et *Marie-Magdeleine Langaney* sa femme, demeurant à Paris, rue Honoré, section des thuilleries,

Nous ont fait exposer que, par contrat passé devant Pérignon notaire à Paris et son confrère, le 18 thermidor l'an deux de la République française, duement enregistré le même jour, ils ont acquis d'*André Thérèse Victoire Haulant* veuve de *Raphaël Carle* demeurant à Paris place Thionville, section Révolutionnaire, et de *Jean-Raphaël Carle*, son fils, citoyen de Paris demeurant avec la dite citoyenne sa mère, même rue et section :

La terre de *Beauregard* et domaines utiles en dépendans situés à *Avron* près le Raincy, communes de Rosny et Villemomble, district du Bourg de l'Égalité, département de Paris, le tout consistant :

1° en un *cy-devant château*, deux cours, dans l'une desquelles sont les granges et autres bâtimens propres à l'exploitation avec logement du jardinier, et l'autre entourée de fossés pleins d'eau et empoissonnés, revêtus de maçonnerie, contenant le colombier, la laiterie, écurie, remise et autres batiments,

2° en un *jardin potager*, un parc avec trois pièces d'eau empoissonnées, un enclos dans lequel est un pavillon appellé Beauregard, le tout contenant environ 30 à 32 arpens de terre, partie en pré et partie en labours,

3° et 58 à 60 arpens de *terres labourables* en une seule pièce à prendre depuis la grille du cy devant château jusqu'aux vignes de Villemomble le long de la commune de Rosny et du chemin du bois de Neuilly et en retournant du côté levant le long de l'allée qui borde le bois d'Avron tenant d'un côté à la forest de Bondy, ainsi que les d. biens se poursuivent et comportent. . . . .
moyennant le prix et somme de cent cinquante mille livres et aux charges ordinaires et coutumières. . . . .
. . . . . lesquels biens appartenoient aux d. vendeurs savoir : a la d. veuve Carle, pour 1/2 à cause de la communauté de biens qui a existé entre elle et le d. deffunt son mary, et au d. Carle fils pour l'autre moitié comme seul et unique héritier de son père qui avait acquis lesdits biens pendant lad. communauté de biens de *Jean Dupeiron de Lacoste*, par jugement rendu à l'audience des cryées du dép' de Paris le 25 avril 1792, enregistré, sur laquelle adjudication led. Carle père n'a point obtenu de lettres de ratification. Et led. Dupeiron de Lacoste était propriétaire des d. biens comme les ayant acquis d'*Anne Delpech*,

veuve en 1re noces de Jean Armand Joyeuse..... etc..... par contrat
passé devant Gillard, notaire à Paris, le 26 septembre 1789[1].

Le domaine d'Avron-Beauregard appartint ensuite à **Denis-Etienne Deville**, négociant, et à *Marthe Gobert*, son épouse,
demeurant à Paris, rue du Temple, n° 125, section des Gravilliers [2], — puis à **Ferdinand-Denis Ducrecy** [3], — à **Guillaume
Brousse** [4], — à **Harrouard** [5].

En 1812, ce domaine était divisé en deux grandes parties :
Les terres situées entre la ferme (qui avait remplacé le château démoli vers 1794) et la mare aux loups appartenaient à la
famille de *Sainte-Colombe* qui les détenait encore en 1835.

La ferme, la cour, le jardin et le parc de Beauregard restèrent
entre les mains d'Harrouard jusqu'en 1842[6]. Ils passèrent alors
à *Jean-Baptiste Germon*, son gendre [7], qui procéda à un nouveau
fractionnement en vendant séparément le parc et l'emplacement
de l'ancien château.

Delépine, maçon à Villemomble, et *André Renard*, charpentier
à Neuilly-sur-Marne, acquéreurs du jardin et de la ferme[8], démolirent les bâtiments agricoles en même temps que les derniers

---

1. Arch. de la Seine. Lettre de ratification n° 4684.
2. Contrat du 11 ventôse an III, devant Hua, notaire à Paris. Arch. de la
Seine. Lettre de ratification n° 5526.
3. Acquisition du 27 pluviôse an VII, — Hua, notaire à Paris.
4. Acq. du 24 thermidor an XIII, — Hua, not.
5. Acq. du 1er mai 1806, — Hua, not.
6. Voici la copie d'un extrait de la matrice cadastrale de Rosny pour
l'année 1812, contenant, avec la désignation des parcelles, leur contenance
et leur revenu cadastral.

Section B.	n° 1045 ;	sol-cour ;	contenance	45ª.38 ;	revenu cadastral	61 f. 26
—	n° 1046 ;	sol-cour ;	—	36ª.37 ;	—	49 f. 10
—	n° 1046 *bis* ;	pièce d'eau ;	—	25ª.86 ;	—	35 f. 00
		(fossés du château)				
—	n° 1047 ;	jardin ;	—	8,13ª.37 ;	—	1098 f. 05
—	n° 1047 *bis* ;	fossés ;	—	5. 65 ;	—	7 f. 63
		(trop plein des fossés)				
—	n° 1048 ;	maison ;	—	0. 49 ;	—	0 f. 66
—	n° 1061 ;	étang ;	—	11. 66 ;	—	8 f. 16
—	n° 1062 ;	terre	—	3,27. 96 ;	—	229 f. 57

7. Acte du 25 février 1842, — Demanche, notaire à Paris.
8. Actes des 9 et 13 mai 1843, — Outrebon, notaire à Paris.

vestiges de l'antique manoir, puis revendirent le terrain nu à divers habitants de Rosny [1].

Graindorge, acquéreur du parc de Beauregard [2], le mit en culture. Ses héritiers vendirent ensuite successivement leurs parts, de novembre 1860 à septembre 1861, à *Louis Soyer* qui entreprit presque aussitôt le lotissement connu depuis lors sous le nom de Beauséjour [3].

§ 4. — MORCELLEMENTS DU SURPLUS DU PLATEAU D'AVRON.

Le surplus du plateau d'Avron, dépendant d'ancienneté de la paroisse de Neuilly-sur-Marne, appartenait en 1819 [4], savoir : pour 50 hectares environ, tant bois que terres, lieux dits le bois de l'Abîme, la Futaie ou le bois d'Avron, le bois de la Montagne, la Pelouse de Neuilly, les Pique-bœufs et les Enfers [5], à M. *Ragoulleau*, avocat, et *Sophie-Élisabeth Burdel*, son épouse, propriétaires du *château de Villemomble* [6] : ils les avaient acquis de M. *Rodolphe-Emmanuel Haller*, comme faisant partie de l'ancien *domaine attaché à la ci-devant seigneurie* de Villemomble ; — pour 3 hectares 95 ares 55 centiares en bois, lieu dit la Pelouse de Neuilly [7], à M. *Pressat*, médecin à Paris [8] ; — et pour 4 hec-

---

1. *Grégy* et *Gardebled*. — Acte du 31 décembre 1854, — Malaizé, notaire à Montreuil.

2. Acte du 5 décembre 1845, — Malaizé, notaire.

3. Une rue du lotissement conserve le nom de *Louis Soyer*.

4. D'après les matrices cadastrales de Neuilly-sur-Marne conservées à la mairie de cette commune et à celle de Neuilly-Plaisance.

5. Cadastre de Neuilly-sur-Marne, section A, dite du coteau ; savoir : nos 452, — 1229 à 1272, — 1341 à 1356 ; — et en outre nos 825 à 827, la carrière de Neuilly.

6. Jean-Charles Ragoulleau, avocat. — Le château de Villemomble, reconstruit au milieu du xviiie siècle, appartint successivement au cours du xixe siècle, à MM. *Haller*, de Berne (1812), — *Ragoulleau* (1820), — *Lewal*, conseiller référendaire à la cour des comptes (1825), — *Carette* (1832), — *Martin de Flacourt* (1836), — *René-François Papin*, marchand de soiries, rue de Castiglione, — puis à sa fille mariée à M. *Outrebon*, notaire, — enfin à M. *Delouche*, bijoutier orfèvre à Paris rue St-Martin, qui en fit don à la commune en 1875. C'est aujourd'hui la mairie.

7. Nos 1842 à 1847 du cadastre de 1819.

8. Pressat, médecin d'un hospice d'aliénés, faubourg Saint-Antoine. Mort à Gagny (?).

tares 88 ares 45 centiares, lieu dit la Pelouse [1], à la *commune de Neuilly-sur-Marne*.

Les lieux dits les Cahouettes, le Grand Sentier, les Saint-Denis, les Nivards, les Morands, les Roses et les Cailloux, situés sur le commencement du versant regardant la plaine de Neuilly-sur-Marne, étaient depuis un temps immémorial divisés en toutes petites parcelles, pour la plupart cultivées en vignes, et appartenaient à divers paysans.

Tous les terrains d'Avron appartenant à M. Ragoulleau passèrent en 1823 à M. *Deflubé* [2], puis en 1825 à *Lewal*, conseiller référendaire à la cour des comptes [3].

En 1832, ils furent vendus par adjudication : ceux avoisinant la carrière de Neuilly et la carrière elle-même furent acquis par la famille *Bonardi*, alliée des Sainte-Colombe ; la plupart des terres situées sur le plateau devinrent la propriété de M. *Oudard*, administrateur du domaine privé du roi [4] et passèrent ensuite aux mains de son fils [5].

Le 8 avril 1861, par-devant Durant, notaire à Paris, *Oudard fils* vendit les terrains qu'il possédait à la société *De l'Isle et Cie* [6], moyennant un prix principal de 70.000 francs, dont 30.000 payés comptant, le surplus payable dans un délai de cinq années.

L'acte de vente, dont nous avons eu entre les mains une copie authentique, concerne exactement « la propriété dite *le Bois* et la *Pelouse d'Avron* (Neuilly), tant bois que terre, d'une contenance totale de 30 hectares 76 ares 1 centiare : tenant du nord à un ancien

1. N° 1229 du cadastre de 1819.

2. Vente à Deflubé par Jean-Charles Ragoulleau et Auguste-Louise-Marie Georgeon son épouse ; 16 octobre 1823, — Tessier notaire à Paris.

3. Vente à Lewal par Achille-Martin Deflubé et Thérèse-Josephe Dron son épouse ; 23 avril 1825, — Debionne notaire à Neuilly-sur-Marne.

4. Ventes sur adjudication à Oudard, par François-Gabriel-Joseph Lewal et Louise-Rose Epagny son épouse, demeurant à Paris rue Cadet, n° 17 ; 22 juillet et 11 novembre 1832, — Gatineau, notaire à Neuilly-sur-Marne.

5. Alphonse-Camille-Auguste Oudard, seul héritier de Jacques-Parfait Oudard, décédé à Neuilly-sur-Seine le 20 septembre 1835, et de Blanche-Stéphanie Dejean décédée le 8 juin 1834 à Faÿ (Oise), ses père et mère.

6. La société de l'Isle et Cie était formée de : Alfred-Louis-Amédée de l'Isle, propriétaire demeurant à Paris, Rond-Point de l'Etoile, n° 10 ; — Charles-Louis-Edouard Schœnfeld, négociant demeurant à Paris, rue de la Tour-d'Auvergne, n° 37 ; — Théodore Cremitz, négociant demeurant à Paris, rue de Vendôme, n° 22.

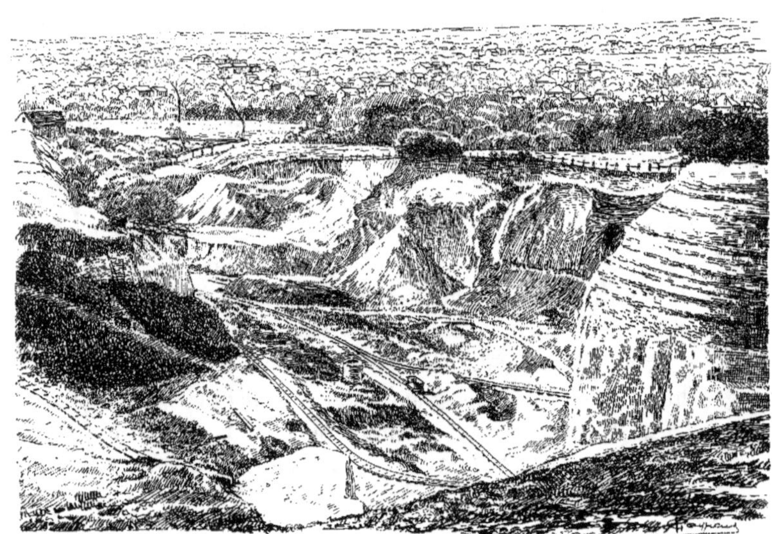

Vue panoramique prise des carrières de Neuilly-Plaisance (1906).

bois défriché, dit de l'Abîme, dont elle est séparée par un chemin, du midi à M. Coulon-Rémond ou ses représentants et à divers, à l'ouest à MM. Sainte-Colombe et Harrouard ou leurs représentants, et à l'est au bois de M. Preissac (ou Preissat) et à la pelouse communale de Neuilly-sur-Marne ».

MM. De l'Isle et Cie entreprirent immédiatement le lotissement de leur acquisition. A ce lotissement vinrent s'ajouter d'abord deux terrains boisés, l'un au nord-ouest, d'une contenance de 9.000 mètres, l'autre au sud-est, de 6.600 mètres, propriétés de M. *Étienne Petillot*, négociant, demeurant à Nanterre [1] ; puis, en 1865, plusieurs parcelles de terre voisines de la nouvelle « Avenue de l'Est » et appartenant à *Mad[lle] Cornélis* [2].

§ 5. — Création de la commune de Neuilly-Plaisance.

A peu près en même temps que le haut du *plateau d'Avron*, c'est-à-dire vers 1861-1863, le *bois de Neuilly*, situé au pied du coteau, avait été défriché, puis vendu par lots, et son emplacement s'était rapidement couvert de nombreuses maisons.

Les deux nouveaux hameaux se trouvèrent bientôt assez importants pour former, dans Neuilly-sur-Marne, une section de commune, laquelle ne tarda pas à réclamer son autonomie complète.

Posée dès 1887, la question de séparation fut résolue par la loi du 13 avril 1892 [3].

1. Avril-mai 1861 ; Durant, notaire à Paris.

2. Contrat du 9 juin 1865 ; Carré, notaire à Neuilly-sur-Marne.

3. 26 septembre 1887. — Séance extraordinaire du conseil municipal de Neuilly-sur-Marne. Lecture de l'arrêté préfectoral en date du 6 sept. relatif à la convocation des électeurs pour la nomination de deux commissions syndicales, dont une à Neuilly-sur-Marne et l'autre au plateau d'Avron, en vue de l'érection en commune distincte des hameaux de Neuilly-Plaisance et d'Avron. Le conseil repousse le projet par 12 voix contre 7 et 2 abstentions.

23 oct. 1887. — Réclamation contre la délibération du 26 septembre.

30 mars-14 avril 1889. — Arrêté préfectoral et enquête ; complément d'enquête.

4 mai 1889. — Délibération du conseil général de Seine-et-Oise.

Juillet 1889. — Pétition au conseil municipal, demande d'un desservant pour la chapelle de Neuilly-Plaisance.

Etc...

La nouvelle commune, dénommée Neuilly-Plaisance, reçut comme territoire les cantons de la Futaie, la Montagne, les Cahouettes, la Pelouse de Neuilly, les Cailloux, les Roses, les Nivards, les Morands, les Saint-Denis, le Grand-Sentier, les Carrières et le bois de Neuilly.

Les 15 janvier 1893, 15 novembre 1894, 16 juin 1895 et 15 novembre 1896, le conseil municipal de Neuilly-Plaisance émit et renouvela inutilement des vœux tendant à obtenir le rattachement de la nouvelle commune au département de la Seine.

§ 6. — État actuel des lotissements de Beauséjour et d'Avron

Le lotissement de *Beauséjour* est situé en majeure partie sur le territoire de la commune de Rosny et pour le surplus sur celui de Villemomble [1].

Le 13 novembre 1873, le conseil municipal de cette dernière commune avait approuvé une pétition de tous les propriétaires du parc demandant l'annexion complète à Villemomble, l'agglomération naissante n'étant reliée au village et à la gare de Rosny (plus éloignée que celle de Villemomble) que par de mauvais chemins. Ce vœu ne fut pas réalisé.

Actuellement, Beauséjour compte une quarantaine de maisons sur le territoire de Rosny et une quinzaine environ sur celui de Villemomble, abritant ensemble près de deux cents habitants.

Ses rues portent les noms de Parmentier, Lachambeaudie [2], Louis Soyer [3], Richard-Lenoir [4], David d'Angers, Bérenger, Jean-

---

1. Cette partie représentant ce qui avait été distrait de la baronnie de Villemomble pour être enclos dans le parc de Beauregard. (V. ci-dessus, p. 28.)

2. En mémoire de **Pierre Lachambeaudie**, fabuliste, né à Sarlat en 1806, mort en 1872, qui habita, paraît-il, en ce lieu.
Sur Lachambeaudie voir : *Intermédiaire des chercheurs et curieux*, tomes XXI, p. 41, 126 ; XXVI p. 687 ; XXVII p. 201.

3. Voyez ci-dessus, p. 57.

4. Dénommée en 1874 rue des Dames. — Il faut remarquer qu'il existe sur le plan dressé en 1874, dans la série de l'Atlas communal du département de la Seine, une transposition de la plupart des noms de rues ci-dessus. Sur ce plan ne figure pas non plus la place Jacquart.

Jacques-Rousseau, et il est limité à l'est et à l'ouest par les anciens chemins du Bois-Châtel et d'Avron.

Pierre LACHAMBAUDIE

Le lotissement d'*Avron*, bien que dépendant de la commune de Neuilly-Plaisance, est administré pour l'entretien de ses avenues par un syndic qui perçoit annuellement un centime par mètre de terrain que possède chaque propriétaire.

Les rues d'Avron portent les noms de chemin de l'Abîme [1]; avenues de l'Ouest [2], des Fauvettes, des Pins [3], des Ramiers, du Centre, Cornélis [4], du Midi, de Rosny [5], Grande-Avenue; Avenues des Caves d'Avron [6], du Nord, Bidance, des Vignes, Bouhallier.

1. Ancien chemin allant de « la Montagne » à Launay (paroisse de Ville-momble) en passant par la vallée de « l'Abîme ».

2. Ancien chemin, prolongement de la rue du Bois-Châtel ou « des Caves », qu'il ne faut pas confondre avec la nouvelle « avenue des Caves d'Avron ».

3. Ancien chemin, le même que celui dont il est question ci-dessus, note 1. À l'intersection de l'Avenue des Pins et de la Grande Avenue se trouve le Rond-Point d'Avron.

4. L'avenue et la place Cornélis tirent leur nom de Mademoiselle Louise Mathilde Cornélis, propriétaire de terrains annexés au lotissement par acte du 9 juin 1865. — Carré, notaire à Neuilly.

5. Ancien chemin allant de la Montagne à la platrière de Rosny.

6. Anciennement la grande avenue faisant face à l'entrée du château. Tire

Voici quelle fut la progression de la population depuis les origines jusqu'à nos jours :

1861	fondation			1886	104 feux	345 habitants
1866	13 feux	46	habitants	1891	101	—	312
1871	34	—	101	—	1896	169	—	547	—
1875	35	—	109	—	1901	215	—	675	—
1882	60	—	175	—	1906	260	—	809	—

Nous indiquons ci-dessous, avec la liste des Syndics, les principales améliorations dont bénéficièrent successivement les habitants d'Avron.

1862, **De l'Isle**. — 1867, **Désureau**. — De 1868 à 1870 les fonctions de syndic sont supprimées. L'administration est assurée par une commission de 15 membres présidée par M. **Albert**. — 1870, **Hamard**. — 1875, **Breval**. — 1877, **Laroche**. — 1878, **Commercy**. — 1884, **Lemée** ; la commune de Neuilly fait commencer l'installation du gaz ; un service de voiture assure les communications avec la gare de Rosny ; la compagnie des Eaux dessert la localité. — 1891, Auguste **Daude** ; une école est provisoirement installée dans la salle des réunions. — 1893, **Loise**. — 1894, **Bosquillon de Marigny**. — 1895, Auguste **Daude** ; en 1899 un groupe scolaire et une salle de fête sont construits : le premier par la commune de Neuilly-Plaisance, la seconde par les soins du syndicat des propriétaires ; création de la société l' « Amicale d'Avron. »— 1903, **Bosquillon de Marigny** ; création d'un marché bi-hebdomadaire ; réorganisation d'un service de voiture entre le *Rond-Point* et la gare de Rosny.

Le nombre de maisons était en 1901 de 135 ; il est actuellement (1906) de 192.

son nom actuel des caveaux qui existaient autrefois sous la terrasse dominant la rue du Bois-Châtel et dont il reste encore quelques vestiges.

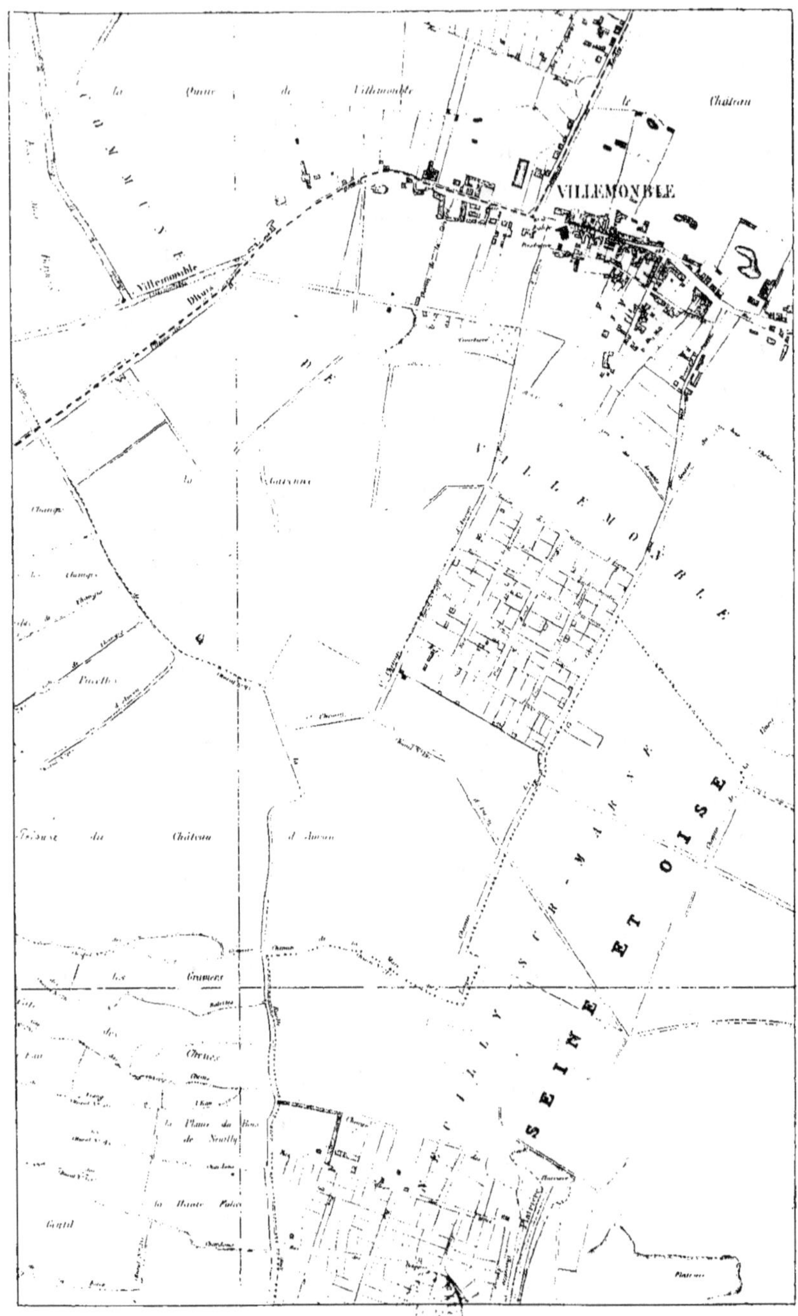

Plan de Beauséjour, d'après un extrait de l'atlas communal (1874).

CHAPITRE VI

LE PLATEAU D'AVRON
PENDANT LA GUERRE DE 1870

Sur les choses de la guerre, le plateau d'Avron, aujourd'hui verdoyant, semble muet. Mais ceux qui, l'ayant parcouru avant le siège de Paris, se rappellent que les grands arbres du parc de Beauséjour et les taillis de la grande Pelouse l'ombrageaient presque en entier, se souviennent en même temps que ces arbres et ces taillis, tombés sous la hache des marins et la pioche des soldats terrassiers, alimentèrent les feux des bivouacs pendant un mois terrible, du 28 novembre au 28 décembre 1870[1]. Ils se rappellent comment le plateau fut occupé[2], gardé, perdu, ou

1. Louis Barron, *Les environs de Paris.*
2. Extraits de l'ouvrage, *La marine au siège de Paris,* par le vice-amiral La Roncière-Le Noury. — *Journal de siège :*

19 octobre.— Une reconnaissance protégée par un bataillon des Côtes-du-Nord se rend sur Avron pour étudier la situation.....

5 novembre. — L'étude du plateau continue. Toutefois le gouverneur a renouvelé son interdiction de tenter toute entreprise sur ce point important.

25 novembre. — L'occupation d'Avron est enfin décidée. On se prépare à y établir des batteries d'artillerie. Le vice-amiral donne l'ordre au fort de Rosny qui, par sa position, est le plus rapproché d'Avron, de mettre tous ses moyens à la disposition de l'artillerie et du génie, et de leur prêter une aide sans limite.

27 novembre. — Sur Avron, on s'occupe à fixer l'emplacement futur des batteries..... Le plateau d'Avron est partagé en deux parties bien distinctes: 1° le plateau d'Avron proprement dit ; 2° la grande Pelouse à l'est. La grande pelouse est bien réduite par des plantations récentes, des constructions nouvelles. Sur le plateau proprement dit, l'emplacement est large, une

plutôt abandonné, et tous les incidents de cet épisode d'un sombre drame, les belles espérances des premiers jours, le désespoir infini des derniers.

Ce fut d'abord, le soir du **28** novembre, l'arrivée de 3.000 marins de l'amiral Saisset et de 10. 000 hommes d'infanterie du général Hugues. Tous étaient pleins d'entrain : ils devaient seconder la sortie du général Ducrot par la vallée de la Marne, aider à vaincre l'ennemi et sauver la patrie[1] !

Aussitôt commencèrent sur la terre gelée ou neigeuse des travaux rigoureux, d'épaulements pour les batteries, de terrassements pour les troupes. Quarante-trois pièces d'artillerie, installées à grand'peine, prirent au stérile et glorieux combat de Champigny une part aussi glorieuse, aussi stérile. On passa bien des nuits blanches sous un ciel de glace, en piétinant sur un sol durci, en battant la semelle pour secouer le mortel engourdissement des

défense organisée facile. L'eau y est pour le moment insuffisante. Les maisons particulières ont des mares d'eau bourbeuse. Des études furent faites pour pourvoir le plateau d'une quantité suffisante d'eau potable : mais elles restèrent sans résultat définitif. La neige y a souvent subvenu.

1. *Journal de siège* : Le but de l'opération est de prendre position sur toute l'étendue du plateau d'Avron, d'y installer des batteries, de manière à pouvoir, dès le 29 au matin, appuyer la deuxième armée, général Ducrot, qui doit passer la Marne sur des ponts de bateaux.

Le 28 novembre, dès la nuit close,..... le contre-amiral Saisset doit se mettre en marche avec ses trois mille marins pour occuper le plateau d'Avron. Les marins sont munis, au préalable, des outils nécessaires pour débroussailler le plateau et y ouvrir des voies. — Le contre-amiral Saisset doit pousser son opération jusqu'à l'extrémité de l'éperon Est.

A l'abri de cette opération, qui est appuyée par le 137° de ligne, deux bataillons de mobiles prennent position aux château et parc d'Avron ; dix compagnies de travailleurs, porteurs de gabions et de fascines, accompagnant des voitures d'outils, font les travaux défensifs nécessaires du côté du Raincy et de Gagny. Elles préparent de plus, sous la direction de l'artillerie, l'établissement de cinq batteries sur les emplacements suivants :

1° Une batterie au-dessus des carrières, un peu à l'est, destinée à tirer sur Ville-Evrard et Noisy-le-Grand ;

2° Une batterie à mi-distance entre les carrières et l'extrémité du plateau ;

3° Deux batteries sur l'éperon même, pour battre les carrières de Chelles ;

4° Une cinquième batterie, au-dessus de Villemomble, tirant sur Gagny.

Il importe au plus haut point de couvrir la gauche de cette opération. C'est dans ce but que l'on place les pièces disponibles pour battre le Raincy, près du parc d'Avron où elles sont soutenues par les troupes qui s'y trouvent.

membres : des sentinelles furent tuées à leur poste par le froid. Les privations de tout genre furent endurées stoïquement [1].

Soudain, après les combats toujours glorieux et toujours stériles du 21 et du 22 décembre, livrés au Bourget et à Ville-Evrard, Gagny, Le Raincy, Noisy-le-Grand, Chelles, démasquent, le 27 décembre, de formidables batteries prussiennes [2], dont les pièces, supérieures aux nôtres en calibre et en portée, assaillent le plateau d'une pluie d'obus énormes, le ravagent, le balayent, le crèvent

1. *Journal de siège* :

16 décembre. — L'infanterie de marine, toujours à Avron, sous tente abri, où elle fait le service de grand'gardes et des travaux de terrassement, est placée, par ce mauvais temps et le froid rigoureux, dans de pénibles conditions qu'elle supporte avec courage. Un quart de l'effectif de ses officiers, dix-huit, est aux hôpitaux.

25 décembre. — Sous la tente, l'encre même se congèle, et il est difficile à nos officiers de travailler. L'eau et le vin sont gelés, et le pain ne peut être tranché qu'à coups de hache. Pendant la nuit, deux sentinelles des postes avancés, où on ne peut faire de feu, sont gelés.

2. *Journal de siège* :

24 décembre.— Nous sommes certains que les prussiens établissent depuis plusieurs jours des batteries sous bois au-dessus du Raincy et à Gagny...... Les défenseurs d'Avron ouvrent alors le feu sur les positions signalées, que l'ennemi a protégées contre notre curiosité par des avant-postes envoyés plus près de nous que de coutume.

Nous nous attendons à chaque instant à voir le plateau bombardé, et malheureusement aucun abri important n'a pu encore y être fait pour protéger nos soldats, qui devront subir le feu de l'ennemi presque entièrement à découvert. Le plateau est complètement déboisé, et nos troupes n'auront pour abri que leurs tranchées, où l'immobilité par ce froid rigoureux les fera cruellement souffrir.

27 décembre. — A sept heures 1/2 du matin, l'ennemi démasque ses batteries..... et ouvre le feu par un mouvement général d'attaque sur Avron, Rosny, Noisy, Nogent...... Sur Avron, le feu de l'ennemi est des plus précis. Quatre batteries placées sur les coteaux de Montfermeil, au-dessus de Gagny et du Raincy, deux batteries placées à Noisy-le-Grand et une batterie de très gros calibre sur Chelles, croisent leur feu et balayent tous les emplacements occupés par nos hommes. Les premiers obus tombent de plein fouet dans les camps de l'infanterie de marine et y jettent le désordre. Beaucoup de soldats, au commencement du bombardement, affolés par cette pluie de projectiles, cherchent un abri sur le versant qui regardent les forts. Mais le gros des bataillons se porte dans les tranchées, et se tient prêt à repousser une attaque d'infanterie à laquelle on doit s'attendre. Les soldats qui avaient fui rejoignent...... Nos matelots canonniers, sous cette pluie de fer, s'acharnent à la lutte..... Les pièces démontées sont immédiatement remises en état de faire feu..... Par moments, l'ennemi va dans cette journée jusqu'à tirer cent vingt coups à l'heure sur tout le plateau qu'il attaque.

dans tous les sens, font taire ses canons, écrasent leurs artilleurs [1].

On résiste encore dans l'attente vaine d'un assaut où l'on s'étreindraient corps à corps avec l'ennemi, où la baïonnette se vengerait du Krupp ; mais enfin, lugubre dénouement ! pendant la nuit du 28 au 29 décembre a lieu l'évacuation, l'enlèvement silencieux des canons [2], la retraite morne des troupes, emportant l'impression désolante de la défaite irrémédiable !...

Le plateau d'Avron n'a pas été occupé par l'armée allemande, dont la situation, sous les feux convergents des forts de Noisy, de Rosny et de Nogent, n'eût pas été tenable. Il ne garde que des vestiges de tranchées et de batteries françaises.

En 1886, sur l'initiative de quelques citoyens [3], un monument commémoratif a été élevé au moyen de souscriptions, à l'extrémité du plateau dominant la plaine de Neuilly-sur-Marne [4].

Les corps des soldats tués à Avron ou dans les environs, et qui avaient été enfouis en divers points du territoire, puis transportés au cimetière de Neuilly-sur-Marne en 1876, furent exhumés

---

1. *Journal de siège* :
28 décembre.— Le feu de l'ennemi est plus précis encore....Le gouverneur de Paris se rend dans la journée sur Avron. Les troupes dans leurs tranchées y souffrent beaucoup, et sur plusieurs points leur attitude ne gagne pas à ces souffrances.

Le gouverneur décide que la position sera évacuée pendant la nuit, et donne des ordres en conséquence.

2. Aussitôt que l'obscurité le permet, des corvées de marins des trois forts de l'Est se dirigent sur le plateau d'Avron pour procéder, suivant les ordres du gouverneur, à l'évacuation du matériel qui s'y trouve. Les chefs d'escouade sont munis de cartouches de dynamite propres à provoquer la destruction de nos pièces en cas d'abandon précipité de la position.....

L'évacuation est terminée avant le jour, malgré l'obscurité et l'état des routes. L'artillerie tout entière a été ramenée, à l'exception d'un canon de 24 dont un tourillon est cassé, et d'un canon de 30 tombé dans un fossé à la descente d'Avron, et qu'on ramène deux jours après.

Enfin, à cinq heures du matin, les troupes du plateau se replient et abandonnent en silence leurs positions.

3. Messieurs Ripoche, Vermeil, Baudry, Truet et Jacquet. (Extrait d'une lettre adressée le 12 mars 1891 par le maire de Neuilly-sur-Marne au sous-préfet. — Archives de Neuilly-sur-Marne.)

4. En bordure des chemins ruraux n° 12 et 13, dits «des Pelouses d'Avron et du Grand Sentier ».

Le monument commémoratif de 1870.

le 25 décembre 1886 et enterrés en grande pompe au pied de ce monument [1].

Deux fois l'an, le jour de la fête d'Avron (le dimanche après le 15 août), et le 25 décembre, les habitants des communes environnantes viennent y déposer pieusement des couronnes.

[1]. Extrait du *Petit Journal* du lundi 27 décembre 1886 :

« La population de Neuilly-sur-Marne a recueilli pieusement les restes de nos soldats, que son cimetière abritait, pour les transporter solennellement au monument d'Avron, érigé à la mémoire de ceux qui succombèrent dans ces tristes journées.

Ce monument, élevé par souscription, est très simple. Il se compose d'une sorte d'obélisque en granit, d'environ trois mètres de hauteur. Sur l'une des faces, du côté de Paris, on lit l'inscription suivante :

« A LA MÉMOIRE DES DÉFENSEURS DE LA PATRIE. 1870-1871 »

A deux heures, la municipalité a reçu à la gare de Rosny M. de Girardin, préfet de Seine-et-Oise,...... MM. Maze et Journault, sénateurs; Colfavru, Hubbard, Barbe et Périllier, députés de Seine-et-Oise ;.....

De nombreuses sociétés de tir et de gymnastique de Paris et de la banlieue ont escorté, avec un détachement et la musique du 119e de ligne et les sapeurs pompiers, le cortège officiel au cimetière, d'où on s'est dirigé sur le plateau.

Le corbillard, portant six cercueils renfermant les ossements, était magni-fiquement décoré de draperies tricolores et de couronnes de verdure.

A l'arrivée, les tambours ont battu aux champs, la musique a entonné la *Marseillaise*, les drapaux se sont inclinés.

Puis les discours ont commencé.......

M. Fouquet, maire de Neuilly-sur-Marne, retrace à grands traits les combats qui se sont livrés sur le territoire de sa commune.

Il fait verser bien des larmes en racontant qu'en exhumant, la veille, les restes de nos vaillants soldats, les fossoyeurs ont retrouvé des débris de vêtements que la chaux avait épargnés. Dans une poche de capote, on a découvert un fragment de lettre. Quelques mots seulement étaient encore lisibles : « Mon cher petit Joseph, courage....... Ta mère qui t'aime .»

Les troupes et toutes les sociétés ont ensuite défilé devant le monument ».

Les dépenses occasionnées par la construction furent d'environ 2.800 francs, produit des sommes recueillies dans les communes de Neuilly, Rosny et Gagny. La commune de Neuilly-sur-Marne prit en outre à sa charge les frais de translation qui s'élevèrent à 684 fr. 30, dépense approuvée par le conseil municipal dans sa séance du 13 février 1887 (Registre des délibérat. ; — voir aussi, page 17 de ce registre, le procès-verbal de l'exhumation et du transport).

Les quatre canons que l'on voit aujourd'hui aux angles du monument ont été ajoutés en 1888. Ils proviennent de la campagne du Mexique et ont été donnés par le Ministère de la guerre, sur une demande du syndicat d'Avron, présentée par M. Finart d'Allonville.

CHAPITRE VII

NOTES SUR LE FIEF ET CHATEAU DE LA GARENNE DE VILLEMOMBLE

Le fief de la Garenne se trouvait tout près de Beauregard, sur le versant du plateau d'Avron qui regarde le château du Raincy. Au xviiie siècle, on voyait en ce lieu une belle habitation de plaisance comme il s'en rencontrait tant autrefois aux environs de Paris, et dont il ne reste plus guère que le souvenir.

« La Garenne, écrit Lebeuf dans son *Histoire du diocèse de
« Paris*, est une maison de campagne ou seigneurie sur la paroisse
« de Villemomble, dont j'ai eu connaissance par l'établissement
« d'une chapelle domestique depuis l'année 1648, auquel temps
« noble Félix de Goreaul en étoit seigneur. Ce lieu appartenoit
« huit ans après à Charles Morel, secrétaire du Roi, et à Gilles
« Morel, conseiller au Grand-Conseil, et en l'an 1698 à M. Le
« Cousturier de Coxqueburne, commissaire en la seconde com-
« pagnie des mousquetaires [1] ».

Nous pouvons apporter quelques compléments inédits à cette trop courte notice.

Vers 1518, **Jean de la Flocelière**, écuyer, capitaine du château de Villemomble et garde de cette châtellenie pour Maître Jacques Charmoulue[2], était seigneur de la Garenne. Il mourut après 1530[3]. *Catherine de Villecocq*, sa veuve, remariée à *Etienne*

1. Regist. Archiep. Paris. 18 Jul. 1648 ; 2 juin 1856 ; 25 Aug. 1698.
2. *Histoire de Noisy-le-Sec*, p. 53.
3. Il était à cette date bailly ou prévôt de l'abbaye de Livry.

Larcaunier, vivait encore en 1562 et cette année-là fit don à son neveu, *Jean de Villecocq*, de tous les biens qu'elle possédait à Villemomble et qui lui avaient été reconnus lors du partage fait avec les héritiers du feu sieur de la Flocelière, « tant pour la récompense des réparations faites *en la maison de la Garenne* que pour l'employ de ses deniers dotaux ».

Par devant Nicolas Lecamus et Guillaume Denotz notaires... fut présente en sa personne noble dam^le Catherine de Willecocq veuve en premières noces de feu Jehan de la Floxillière en son vivant escuyer sgr de la Garenne lez Villemomble et en secondes de feu Estienne Larcaunier luy vivant aussy escuyer, laquelle de son bon gré et vollunté... recongnoist et confesse avoir donné, ceddé, quitté et transporté et délaissé en pur don faict entre vifs..... à noble homme Me Jehan de Willecocq advocat en la cour de Parlement, son nepveu, à ce présent et acceptant pour luy, ses hoirs et ayans cause en temps advenir, tous et chacuns les biens immeubles, droictz, noms, raisons et actions qui à lad. dam^le compectent et appartiennent tant aud. lieu de Villemomble que sur les lieux circonvoisins, yceux immeubles plus amplement spécifiés au partage faict avec les enffans dud. feu de la Flosselière, tant pour la récompense des réparations faictes en la *maison de la Garenne* que pour l'employ de ses deniers dotaux, sans aucune chose retenir ne réserver...............

Faict et passé..... l'an mil-cinq-cens-soixante-deux, le samedi huictième jour d'aoûst.

(Insinué au greffe du Châtelet le 22 aoûst, même année) [1].

Jean le Noir, seigneur de la Garenne, est, en cette qualité, nommé dans le procès-verbal de la Coûtume de Paris, rédigé en 1580.

C'était un légiste savant et recherché de ses contemporains : ainsi nous le voyons, dans ce même procès-verbal, paraître au nom et comme chargé de la procuration de Thomas de Balzac, seigneur de Gometz-le-Châtel [2].

Jean Le Noir possédait aussi d'autres biens dans notre région et notamment le fief du Jardin, autrement dit Hauteloup, sis à Fontenay-sur-le-Bois de Vincennes, du côté de Rosny [3].

---

1. Arch. nat., Y 103 (f° 195). *Reg. des insinuations au Châtelet de Paris.*
2. Coutume de Paris. Édition de 1678, p. 662.
3. Lebeuf, t. II, p. 391.

Il mourut en 1597 ; son épitaphe, qui se lisait dans l'église paroissiale de Saint-Étienne-du-Mont, était ainsi conçue :

Armes de Jean Le Noir.

A ☩ Ω. || Siste gradum viator et perlege || . Heic qui situs est paucis te morabitur. || Johannes Niger, parisiensis, || in Senatu patronus celeberrimus, Catharinæ Mediceæ, || Reginæ, et Francisci, Andium ducis, a libellis || supplicibus, quum 47 annos, tum causas || agens, tum consultoribus de jure respondens, vir notae et spectatae fidei, doc || trinae singularis, probitatis ingenii || et prudentiae in oculis omnium claruisset, || principibus que suis charissimus, bonorum || omnium amantissimus, studiosissimus, XII cidus junias || fatis concessit, anno Christi 1597. ||

Vixit annos 76, menses quinque, dies quator. || Bene precare, viator, et vale.

Assieds toi sur ce degré, passant, et lis attentivement. Arrête toi un instant sur celui qui repose ici. Jean Le Noir, de Paris, avocat de haute réputation au conseil de la Reine Catherine de Médicis et de François, duc d'Anjou, par ses plaidoiries pour les accusés, pendant 47 ans, fit autorité chez tous tant par la défense de ces causes que par ses conseils à ses clients ; cet homme de bonne foi connue et manifeste, de science éminente, de probité de caractère, de prudence, très aimé de ses souverains, très soucieux du bien de tous, très laborieux acheva sa destinée le XII des ides de juin, l'an du Christ 1597.

Il vécut 76 ans, cinq mois, quatre jours. Une bonne prière, passant, et adieu.

Armes. — De sable au chevron d'or accompagné d'une tête de Maure tortillée d'argent ; au chef cousu de gueules, chargé de trois roses d'argent [1].

Sur **Félix de Goreaul** nous connaissons seulement ce qu'en dit l'abbé Lebeuf.

Quant à **Charles Morel**, conseiller du roi, il paraît être le même personnage que le *sieur de Bon-Recueil*, mentionné en 1640 dans les registres paroissiaux de Neuilly-sur-Marne :

« Le 10ᵉ jour de juillet 1640, a esté baptisé Charles fils de Nicolas Hérisson et Nicole Selle ses père et mère. Le parrain a esté *Charles Morel, sieur de Bon-Recueil,* conseiller et secrétaire du Roy, et la marraine dame *Marie Acharie* femme de M. *de Bretonvilliers,* conseiller du Roy et secrétaire de ses finances. »

Gilles Morel, conseiller au Grand Conseil, possesseur de la Garenne en 1656, ne nous est guère mieux connu ; nous savons seulement qu'il avait épousé *Marie du Fautray,* laquelle vivait encore en 1664 [2]. En 1675 ses biens dans notre région étaient saisis par des créanciers : on trouve en effet dans les archives notariales de Noisy, à la date du 10 avril 1676, un « bail à loyer des terres dépendantes des biens en direction dudit sieur Morel ».

Le Cousturier de Cocqueburne, commissaire en la seconde compagnie des mousquetaires [3], possesseur de la Garenne en 1698, conserva cette propriété au moins jusqu'en 1707. Les extraits suivants des registres de catholicité de la paroisse de Villemomble nous en fournissent incidemment la preuve.

1701. Le onze septembre est morte, et a été enterrée le douze, Suzanne Larché, femme de Joseph-André Sʳ du Peron, demeurant chez M. *de Cocqueburne* en sa maison de la Garenne scise en ce lieu : agée d'en-

---

1. *Epitaphier du Vieux-Paris,* t. III, nᵒ 1469. Epitaphes de Jean Le Noir, Marie de la Barre, Louis Le Noir, Marie Malingre, Jacques Le Noir, Claude des Hayes, Louis Le Noir.

2. 20 octobre 1664. « Echanges faits entre maistre *Gilles Morel* et dame *Marie du Fautray,* son épouse, d'une part, et sieur Etienne de Troyes, d'autre part » (minutes du notar. Noisy. — *Hist. de Noisy,* p. 86).

3. La garde du roi comprenait deux compagnies de mousquetaires : les gris, institués en 1622, les noirs en 1660. Le roi en était le capitaine.

viron 45 ans et native de Vembure (?) en Picardie. En foy de quoy j'ai signé : François Berteau, prieur de Villemomble.

1703 (17 avril). Mariage de Nicolas Vallé, domestique chez M. de *Cotteburne* seigneur de la Garenne, avec Marie Rouzé, aussi domestique dudit Sr de Cotteburne.

1707 (8 février). Baptême d'une fille de Claude Miguet, jardinier de M. *de Coqueburne*.

Dans ces mêmes registres de catholicité, on voit apparaître, dès 1725, les noms de **Nicolas Baresme**, écuyer, directeur de la Compagnie des Indes [1], et de *Marie-Anne Nyon*, son épouse.

Le premier en date des actes qui nous ont conservé la mémoire de ces nouveaux seigneurs est l'acte de baptême d'une fille de domestique :

Le 8e avril 1725 a esté baptisée par moy prieur soubsigné, Marie-Anne Sixhomme née d'hier, fille légitime de François Sixhomme et de Catherine Bria, ses père et mère, de notre paroisse. Le parein Messire Michel Ferrand, capitaine du régiment des gardes françaises, la mareine Dame *Marie-Anne Nyon*, épouse de M. *Baresme*, dame de la Guarenne estant en ce lieu et paroisse. En présence de dame Marie-Anne Leclere, quy ont signé avec nous à l'original. Signé : M. A. Nyon ; Ferrand ; M. Leclere ; Pépin, prieur de Villemomble [2].

---

1. La Compagnie des Indes Orientales fut établie en France en 1664 ; elle avait le privilège de pouvoir seule faire le négoce, à l'exclusion des autres sujets du roi, depuis le cap de Bonne-Espérance jusqu'en Extrême-Orient.

La chambre ou direction générale des affaires de cette société se tenait à Paris. Elle se composait de 21 directeurs, 12 de Paris et 9 des provinces. Il y avait en outre des chambres de direction particulières dans les principales villes de France.

2. Avant cette date nous trouvons, dans la domesticité de la maison de la Garenne :

1701 (16 octobre). — Parrain dans un baptême : Claude Bertran, domestique demeurant à la Garenne. — 1725 (18 janvier), inhumation d'Antoine Texier, âgé d'environ 70 ans, jardinier à la Garenne. — Le lendemain (19 janvier), inhumation de Marie-Marg. Texier, âgée de 6 ans 1/2, sa fille ou petite-fille.

M. Baresme de la Garenne paraît aussi en 1729 sur une liste des personnes notables de Villemomble[1] ayant participé

On trouve ensuite : 1725 (27 novembre), baptême d'une fille de Pierre Sibon, jardinier de la Garenne. — 1729 (28 décembre), inhumation de Catherine Brière, femme de François Six-homme, jardinier demeurant à la Garenne. — 1730 (19 juillet), inhumation d'Anne Le Camus, femme de Simon Colombier, jardinier de la Garenne.

1. Dans son *Histoire du Diocèse de Paris*, Lebeuf écrit à l'article Villemomble : « La belle maison qui est dans le village même, et dont les jardins s'étendent sur la côte en montant vers Avron, a été bâtie [ou plutôt rebâtie] par le sieur Barrême, financier, décédé en 1744. »

Soit absence de documents complémentaires, soit négligence de rédaction, Lebeuf ne s'est pas aperçu que cette *belle maison* n'était autre que celle de **la Garenne**, à laquelle il consacre, un peu plus loin, cinq ou six lignes que nous avons précédemment rapportées.

La plupart des auteurs qui ont écrit depuis sur notre région ont plus ou moins exactement copié le texte de Lebeuf, d'aucuns l'ont complètement dénaturé en l'interprétant et produit d'étranges confusions.

C'est ainsi que Piérart (*Hist. de Saint-Maur et autres communes*) prétend que le château d'**Avron** (sic) fut « bâti en 1741 par le financier Barême, à qui on doit de célèbres tables de logarithmes » (?!); et que l'abbé Charasson (*Hist. de Neuilly-sur-Marne*, p. 137) écrit : « près du cours de ce ruisseau (le ru de Saint-Baudile) s'élevait le château de **Launay** (sic), bâti dans le bas du plateau, vers Avron, par le Sieur Barrême ..... »

Seul M. Bournon, avec sa perspicacité habituelle, a pressenti la vérité, mais n'a pas osé l'affirmer. On lit en effet à la page 25 de la notice qu'il a consacrée à Villemomble (*État des communes*) : « L'origine de ce château « il s'agit du *château Papin*, aujourd'hui mairie de Villemomble] n'est pas « très exactement connue. « La belle maison, dit Lebeuf, qui est dans le « village..... a été *bâtie* par le sieur Barême *en 1741* » [Lebeuf ne dit pas « ceci : il écrit *décédé* en 1741]. Faut-il voir là, continue M. Bournon, l'édi- « fice dont nous nous occupons ? Cette description *paraît plutôt s'appliquer* « *à l'ancien domaine de la Garenne...* »

Pour éviter toutes nouvelles confusions, j'ai entrepris de reconstituer comparativement les listes des seigneurs d'*Avron*, la *Garenne*, *Villemomble* et *Launay*.

La suite des seigneurs d'Avron a fait l'objet du chap. III de ce livre ; dans mon *Histoire de Noisy-le-Sec*, j'ai donné quelques indications sur les seigneurs de Villemomble (voir encore ci-dessus, page 57). Voici maintenant, pour terminer la série, les possesseurs de Launay depuis 1702.

Lebeuf ne dit rien du fief de Launay. Tous les renseignements qui vont suivre sont, sauf indications contraires, extraits des registres paroissiaux de Villemomble.

SEIGNEURS DE LAUNAY (PAROISSE DE VILLEMOMBLE)

1702. — Jacques-Joseph Jolly de Mérainville.

« Le mardy 7 février 1702 est morte noble dame *Marie-Anne Descamin*, femme de Messire Jacques-Joseph Jolly de Mérainville, en *sa maison de*

de leurs deniers à la refonte des cloches de cette paroisse. Il mourut, croit-on, en 1744. Avant 1732, il y avait eu

Launay, et l'ay conduit à Paris, à St-Gervais, lieu de sa sépulture. — Signé : François Berteau, prieur de Villemomble ».

1710 — **Pierre de Bragelongne**, colonel d'un régiment de dragons, seigneur de Launay, paraît comme témoin à un mariage le 17 novembre, il signe :

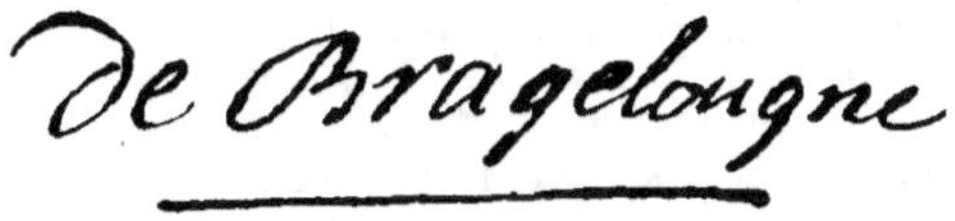

1729-1787 — **Jean-Baptiste Girardot de Launay** et *Marie-Françoise La Miche*, son épouse, décédée en 1777.

26 octobre 1743. Inhumation de Françoise Toudin, veuve du sieur Lamiche bourgeois de Paris, âgée de 83 ans ; en présence de M. Jean-Bapt. Girardot de Launay, mousquetaire du Roy, gendre de la défunte, — de Mre Denis-Claude Girardot, écuyer, chevalier de l'ordre militaire de St-Louis, ancien officier des mousquetaires du Roy, — de Mre Gabriel-François de Kermoshan, écuyer, colonel d'infanterie, gouverneur de Redon, — de Mre Armand-Jean-Nicolas de la Croix, chevalier, capitaine de cavalerie, — de Mre Pierre de Montholon, chevalier, ancien officier de la marine, qui tous ont signé.

10 mai 1746. Mariage «dans la chapelle de Monsieur de Launay» de Charles-François de Percy, écuyer, sieur de Mondubast, capitaine de grenadiers dans le régiment de Hogue, avec damoiselle Marie-Geneviève Girardot, fille de défunt René-Claude Girardot, écuyer, sieur de la Salle et Marie-Jeanne Boudin. Le marié de la paroisse d'Amfreville, diocèse de Coutances ; la mariée de la paroisse de Bagnolet. Parmi les témoins : Denis-Claude Girardot, chevalier, seigneur de Guesdons, ancien officier des mousquetaires du Roy, chevalier de l'ordre militaire de St-Louis, lieutenant des chasses, frère de l'épouse.

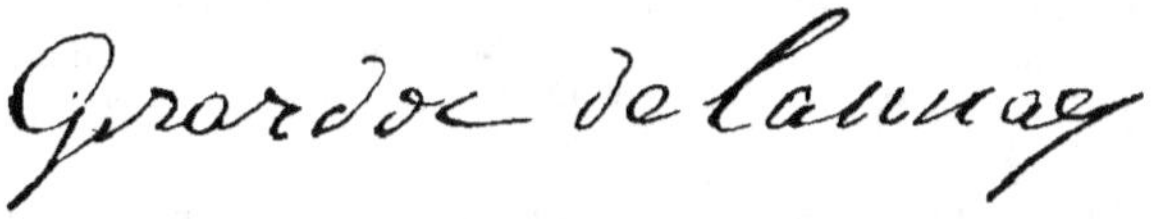

14 janvier 1771. Mariage de Marie-Prosper chevalier d'Orlemont, écuyer, mousquetaire du roi, avec Colombe Girardot fille de Bernard Girardot de Villefranche, écuyer, seigneur de la Salle, et de Marie Soupe, demeurante en la paroisse de Bagnolet, veuve de Messire Charles-Nicolas-Etienne Doüeray. Parmi les témoins : Jean-Bapt. Girardot, chevalier, seigneur de Launay, chevalier de l'ordre royal et militaire de St-Louis, brigadier des armées du Roi (brigadier de cavalerie, nomination du 18 juin 1768), maréchal des logis, premier aide-major en chef des mousquetaires noirs de la garde du Roi.

séparation de biens entre lui et son épouse qui vivait encore en 1736 [1].

C'est aussi vraisemblablement vers cette même année 1732 que le domaine de la Garenne était passé aux mains de la famille **Taillepied** ; nous lisons en effet dans les registres de Villemomble :

L'an 1733, le 20 du mois de may, après la publication des bans faite

23 mars 1772. Bénédiction de deux cloches ; le parrain : Jean-Bapt. Girardot, seigneur de Launay ; la marraine : Etiennette-Marie-Perrine de Villemomble.

5 décembre 1777. Décès de Marie-Françoise la Miche de Launay, âgée de 81 ans.

30 novembre 1787. Inhumation de Jean-Bapt. Girardot de Launay, né le 6 janvier 1705.

Le domaine de Launay passa ensuite à des collatéraux :

Edme-Philippe Girardot de Malassis mourut à Launay le 12 mai 1793 (an II), âgé de 83 ans. La déclaration à l'état civil de Villemomble fut faite par Louis-Balthazar Girardot, âgé de 52 ans, et Bernard Girardot de Villegranche, âgé de 79 ans, tous deux habitants Launay.

Louis-Balthazar de Girardot, chevalier de St-Louis, ancien mousquetaire du roi, fut pendant 25 ans maire de Villemomble. Il mourut au château de Launay le 3 juillet 1835, âgé de 85 ans. (Inscription sur une tombe du cimetière de Villemomble). *Barbe Vathier*, son épouse, décéda à Launay le 7 février 1838, âgée de 92 ans.

On trouve aussi au cimetière de Villemomble la tombe de :

Joseph-Marie Mahé de la Bourdonnais, ancien capitaine de cavalerie, chevalier de St-Louis, décédé au château de Launay le 12 décembre 1840, à 61 ans.

L'ancien château de Launay avait été complètement démoli vers 1840 et remplacé par une bâtisse quelconque qui disparut elle-même en 1879.

Au lecteur qui voudrait établir la généalogie de la famille Girardot, nous signalons quelques extraits des registres de catholicité de Bagnolet (Seine), publiés page 303 de l'ouvrage intitulé *Montreuil aux Pêches*, par A.-E. Carrière.

Avec les renseignements que contient cet ouvrage et ceux que nous donnons ci-dessus, il est possible de reconstituer le tableau généalogique de la famille Girardot, depuis 1650 jusqu'en 1840.

1. Arch. de la Seine. Lettre de ratification n° 12716 (année 1781). Cette lettre concerne une vente et adjudication après saisies de trois immeubles situés à Paris, rues de l'Homme-Armé et des Blancs-Manteaux. Les dits immeubles saisis sur *Jean-Nicolas de Baresme de Cremille*, écuyer, receveur général des gabelles à Moulins-en-Bourbonnais, et *Elisabeth Baresme de la Boissière*, sa sœur, tous deux fils et fille de *Nicolas Baresme* et de *Marie-Anne Nyon*.

La relation des origines de propriété nous a fourni les renseignements rapportés ci-dessus.

H. Espaullard. — *Le Plateau d'Avron.* 6

en la paroisse de St Michel de Rouen .... et dans l'église de St Eustache de Paris,...... après les fiançailles célébrées le jour d'hier par nous soussigné et en notre église, ont esté par nous mariés après que nous avons pris leur consentement et ont reçu de nous la bénédiction nuptiale: Monsieur Charles Le Clerc [1], directeur des Aides de Rouen, fils de feu Maistre Nicolas Le Clerc, conseiller du Roy, lieutenant criminel au grenier à sel de Chateau-Thierry et de dame Catherine Chambelain, de la paroisse de St Michel de Rouen, y demeurant — l'époux, — et damoiselle Charlotte-Claire-Félicité Le Mercier de Senlis, fille mineure de feu M. Antoine Le Mercier, avocat en parlement, et de dame Geneviève-Marie Chastelier, de la paroisse de St Eustache de Paris, y demeurant rue du Mail *et de présent au chasteau de la Guarenne de nostre paroisse*; — présence de dame Geneviève-Marie Chastelier, mère de l'épouse; de dame Catherine-Marguerite Le Clerc sœur de l'épouse et femme du Sr Pierre Guillard; de *Geneviève-Marie Le Mercier sœur de l'épouse, femme de M. Taillepied*; de Marie-

Catherine Guillard mère de l'épouse; de **M. Robert-Jean-Baptiste Taillepied**; de Louis de Bouguinville; de M. Germain-Antoine Guyot advocat en parlement; de Joseph Rabouine notaire; de François-Louis Rabouine receveur général des fermes de Moulins; de Madame Marie-Thérèse Taillepied épouse du Sr de Bouguinville; de Mad^e Marie-Catherine Charlet veuve de M. Godfroy de Romance, chevalier, seigneur de Mesmon, en son vivant écuyer ordinaire de la grande écurie du Roy [2]; et dame Nicolle Noel veuve du Sr René de Franjou bourgeois de Paris; et de M. Charles de Marjouf prestre du diocèse de Paris,

---

1. La famille Le Clerc possédait au xvııı^e siècle l'une des deux ou trois belles maisons de campagne de Villemomble (autres que celles de Launay et de la Garenne).

2. Les écuyers ordinaires du roi étaient au nombre de trois, sous l'autorité du grand écuyer de France.

qui tous ont signé avec nous, prestre prieur curé de Villemomble, docteur en théologie.

Suivent lesdites signatures et celle de Pépin du Montet, prieur curé.

Robert-Jean-Baptiste Taillepied, écuyer, conseiller et secrétaire du roi, receveur général des finances d'Auch, avait épousé le 3 janvier 1724 [1] *Geneviève-Marie Le Mercier de Senlis*. Il semble avoir marqué une certaine prédilection pour sa propriété de la Garenne où il habitait avec sa famille pendant une grande partie de l'année [2], ainsi qu'en font foi plusieurs mentions des registres paroissiaux.

L'an 1735, le 30ᵉ jour du mois d'aoust a esté baptizé, par moy prieur soussigné : Catherine-Zélie, fille légitime de Monsieur Joseph Morin controsleur de la grande et petite vénerie du Roy et dame Marie-Nicolle de Franjou son épouse, demeurant à Paris rue de la Sourdière paroisse Sᵗ Roch et de présent en leur maison de campagne sise en notre paroisse. A esté parein Messire *Robert-Jean-Baptiste Taillepied* conseiller du Roy en tous ses conseils, receveur général des finances d'Auch, seigneur de la Garenne, et mareine haute et puissante dame Marie-Catherine Charlet, dame de Mesmon, Bon-Recueil et autres lieux, veuve de Messire Godfroy de Romance [3], demeurant lesdits sieur et dame d'ordinaire à Paris et de présent en leur maison de campagne sise en notre paroisse, qui ont signé avec le père et les témoins.

L'an 1742, le 19 novembre. — Mariage de Pierre Veaudorme avec la veuve de René François Lecomte jardinier du chateau de la Guarenne. Présents comme témoins : Madame de Taillepied, dame de la Garenne ; Madame Le Chastelier de Senlis ; etc.

L'an 1744, le 11 septembre. — Baptême d'un fils de Blaise La Rue, garde des plaisirs de sa Majesté, concierge de la Garenne. Le parein : Mʳᵉ *Jean-Baptiste-Marie Adéodat* fils de M. Robert-Jean-Bapt. Taillepied, écuyer,........ lieutenant des chasses de Sa Majesté..... et de dame

---

1. La Chesnaye des Bois, *Dict. de la noblesse.*

2. L'*Almanach royal* indique sa demeure à Paris : rue Poissonnière. D'après le même ouvrage, la nomination de Robert Taillepied à la charge de receveur général aurait eu lieu en 1729.

3. Madame de Romance mourut avant 1747. Ses fils fondèrent à sa mémoire et à celle de leur père, dans l'église de Villemomble, 40 messes basses à célébrer annuellement à perpétuité. Le souvenir de cette fondation nous est conservé par une inscription reproduite dans les *Inscriptions de la France*, de M. Guilhermy.

Geneviève-Marie Le Mercier de Senlis son épouse, *qui l'ont présenté
pour parein*; marcine Mademoiselle Jeanne-Antoinette-Geneviève de
Marigny.

Le 11 avril 1750, Robert Taillepied acquit d'Anne Guichon et
de Julien-Louis Bidé de la Grandville, chevalier, conseiller
d'Etat [1], et Pétronille Pinsonneau, son épouse, la terre et le château de Bondy qui restèrent dans sa famille jusqu'en 1790 [2]. Il
mourut en 1766. Son testament olographe, rédigé en 1754,
mérite d'être reproduit ici pour les sentiments nobles et les
mobiles généreux qui l'inspirent, plus encore que pour les détails,
intéressants néanmoins, qu'il renferme.

Du testament olographe de M. Robert-Jean-Baptiste Taillepied,
receveur général des finances d'Auch, en datte du 23 septembre 1754,
déposé à M. Rabouine notaire à Paris le 26 avril 1766, a été extrait ce
qui suit :

Je donne et lègue à M. et Mad. Le Clerc, mes beaux-frère et belle-
sœur [3], 2.000 livres de rente viagère,..... à prendre sur ma terre de
Bondy pendant leur vie, dont 1.000 livres en survivance des deux ;....
c'est la moindre chose que je puisse faire pour reconnaître leur amitié
pour moi et leurs bons offices.

Je leur donne et lègue aussi pendant leur vie le logement qu'ils
occupent dans ma maison rue Poissonnière, sans payer de loyer ; je
prie ma femme d'avoir en eux toute confiance, de prendre M. Le Clerc
pour conseil,....... c'est le plus parfait honnête homme qu'elle puisse
y employer.

Je donne et lègue à tous mes domestiques autres que ceux dont il
sera parlé ci-après une année de leurs gages [4]......... j'en excepte le
jardinier de la Garenne, Bousquin, à qui je donne et lègue 150 livres,
une fois payées, s'il est à mon service au jour de mon décès.

---

1. Nomination de 1740. Demeure : rue de Grenelle Saint-Germain, près
la fontaine (*Almanach royal*).

2. Notre dossier sur Bondy ; d'après les registres des insinuations con-
servés aux archives de la Seine.

3. V. ci-dessus, p.82 , l'acte de mariage de Charles Le Clerc avec Félicité Le Mercier de Senlis.

4. En marge de l'insinuation dudit testament est écrit :

le portier, 400 livres ; — le cocher, 245 l. ; — la femme de chambre,
120 l. ; — le cuisinier, 140 l. ; — trois laquais, chacun, 120 l. ; — une laveuse,
45 l. ; — Bourquin n'était plus au service.

Je donne et lègue à Bertin, mon laquais, 100 livres de rente viagère.....

Je donne et lègue au sieur La Rue, mon concierge et garde-chasse, 200 livres de rente viagère,..... à condition qu'il restera avec ma femme si elle conserve la Garenne,..... mais s'il continuait son service avec elle ou avec mes enfants à Bondy ou ailleurs, la même rente viagère lui restera.......

Je prie instamment ma femme d'entretenir et continuer d'année en année l'article de dépense porté à mon sommier au f° 60 sous le titre de dépenses qui me sont connues ; elle sçait en quoy il consiste et ce sera la bénédiction de sa maison.

Douze cents livres d'aumônes rempliront beaucoup [plus] mes intentions que les dehors de vanité que l'usage a introduits et que je déteste ; par cette raison je ne veux point être transporté à Bondy ; ma femme pourra y faire dire des messes basses à mon intention, aussy bien qu'à Villemomble. Et des 1200 livres cy-dessus que je destine à des aumônes, j'ai donné et légué 300 livres aux pauvres de Villemomble, 400 livres aux pauvres de Bondy, et 500 livres par moitié égale à l'Hôtel-Dieu et aux Enfants-Trouvés de Paris.....

Insinué à Paris le 11 juin 1766. Reçu pour le droit 201 livres 10 sols [1].

Les biens de M. Robert Taillepied et ceux de Marie Le Mercier de Senlis, son épouse, décédée une année après lui, furent partagés entre leurs héritiers par actes des 17 février 1767 et 7 juin 1768 [2].

Les défunts laissaient en effet deux fils :

L'aîné, *Jean-Baptiste-Marie-Adéodat Taillepied*, dit « *de Bondy* », né avant 1740, fut en survivance receveur des finances d'Auch. Il avait épousé, le 21 novembre 1763 [3], Marie-Catherine de Foissy, fille du receveur général de Metz et d'Alsace, dont il eut au moins cinq enfants :

— Marguerite-Barbe, née à Villemomble le 18 août 1764 [4], épouse de Louis-Philippe Le Gentil [5].

1. Arch. de la Seine. Reg. d'insinuation des testaments.
2. Notre dossier sur Bondy.
3. D'après La Chesnaye-Desbois.
4. Reg. paroiss. Parrain : Robert.-J.-B. Taillepied, le grand-père ; marraine : Marguerite-Barbe de Chicoitet de Corbigny, veuve de Jacques de Foissy, aïeule maternelle.
5. Arch. de la Seine. Lettre de ratification n° 8726 (an V).

— Pierre-Marie, comte de Bondy, né à Paris en 1766, mort également à Paris en 1847 ; préfet de la Seine ; marié à Anne-Sophie Amelin [1].

— Charles-Claude, né le 15 septembre 1767.

— Marie-Adélaïde, née le 1ᵉʳ août 1769 [2], épouse de François de Garnier, vicomte d'Ars [3].

— Aglaé-Marie, née le 28 novembre 1771.

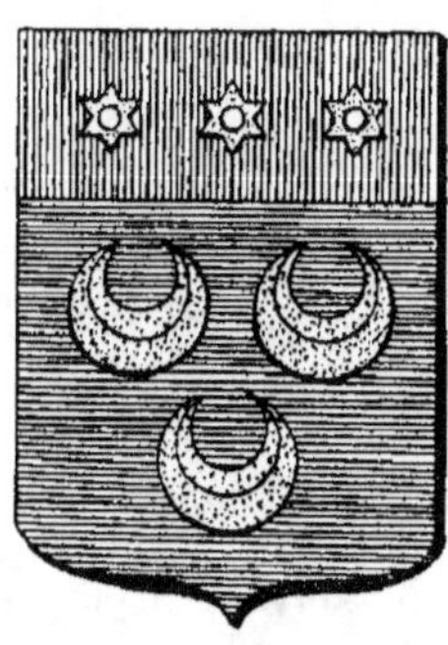

Armes de Taillepied de la Garenne.

Le cadet, **Charles-Claude-Alexandre Taillepied**, dit « *de la Garenne* » [4], né le 19 août 1750 à Villemomble [5], était dès 1775 secrétaire des commandements de Monsieur, frère du roi, et en

1. Dont un fils : François-Marie, comte de Bondy, né à Paris le 23 avril 1802, marié le 18 juin 1831 à Alexandrine-Stéphanie de Cardevac, fille du marquis d'Havrincourt et de Marie-Charlotte-Aline de Tascher. (De Chastellux, *État civil de Paris*).

2. De Chastellus, *État civil*.

3. *Bulletin de la Société de l'Hist. de Paris et de l'Ile-de-France*, 31ᵉ année, 1904, p. 145.

4. D'après l'*Armorial général* de Rietstap, les armes des Taillepied *comte de Bondy* étaient : d'azur à trois croissants d'or, au chef du même chargé de trois molettes de gueules ; celles de Taillepied *marquis de la Garenne* : d'azur à trois croissants d'or, au chef de gueules chargé de trois molettes d'or. — Enfin, suivant l'*Armorial* manuscrit de d'Hozier (Paris, IV, 377), Jacques Taillepied, « huissier de chambre de la feue reine », portait : d'azur à trois croissants d'or, 2 et 1, au chef cousu de gueules, chargé de trois molettes d'or.

5. Et non en 1752, comme le laisse supposer la reconstitution de son état civil aux Archives de la Seine. Voici du reste la copie de l'acte figurant aux registres de Villemomble :

« L'an 1750, le 19 aoust, ont esté suppléé les cérémonies du baptême, par nous prieur curé, commandeur vicaire général de l'ordre du St Esprit

1782 introducteur des ambassadeurs, fonctions qu'il conserva, toutes deux, jusqu'en 1791 [1].

Pendant cette période de 1775 à 1791, il est indiqué demeurant à Paris, rue de Richelieu, près le Boulevard.

Le 21 août 1782, il s'était rendu acquéreur, à l'audience des criées du Châtelet de Paris, de la terre et seigneurie de Fontenay-le-Bel, terre qu'il céda le 24 mars 1790 à Gaspard Liottier, avocat en parlement, agent de change [2].

Le 6 germinal an III (26 mars 1794), par-devant Tiron, notaire à Paris, il vendait au sieur Paul Androuin la maison voisine de celle qu'il habitait depuis 1791, rue Basse-du-Rempart, n° 368, section des Piques (ci-devant paroisse de la Madeleine de la Ville-l'Évêque), et qu'il avait acquise en 1788 [3].

soussigné, à un garçon *Charles-Claude-Alexandre* (qui a été ondoyé par la dame Lejeune, sage-femme reçue à Saint-Cosme, demeurant à Noisy-le-Sec, pour cause de nécessité, suivant qu'elle nous a affirmé, dans la nuit du 5 de ce mois et an, auquel jour ledit enfant est né) : fils légitime de Messire *Robert-Jean-Baptiste Taillepied* écuyer, conseiller secrétaire du Roy.... seigneur de Bondy et de la Guarenne, de présent en son château de la Guarenne de notre paroisse, et de dame *Geneviève Marie Lemercier de Senlis* son épouse, aussy de présent audit château, ses père et mère, demeurants d'ordinaire à Paris, rue Mont-Martre, paroisse de St Eustache. Parein : Messire Charles Savalette, conseiller d'Estat, garde du trésor royal, seigneur de Magnianville, Rosay, Soindre, Buchelet.... demeurant à Paris en son hôstel rue St Honoré, paroisse St Roch ; mareine : dame Suzanne de Vitry, épouse de Messire Dodun, demeurant à Paris, rue de Richelieu, paroisse St-Roch. »

Marié avant 1791 à *Marie-Agathe Masson*, fille de Claude-Louis Masson et de Marie-Françoise Radix, M. Taillepied s'en sépara de biens vers l'an IV, divorça ensuite et mourut à Paris de la petite vérole, le 25 fructidor an VII (12 septembre 1800) [1].

Le 7 prairial an V (26 mai 1797), à la suite de la séparation de biens, M. Taillepied avait abandonné à son épouse, comme remploi dotal, la maison qu'il habitait à Paris, rue Basse-du-Rempart, et sa propriété de Villemomble.

Au nom de la République Française ;

Le tribunal civil du Département de la Seine séant au Palais de justice,

A tous ceux qui ces présentes lettres verront : Salut.

Agathe-Marie Masson, épouse séparée quant aux biens de *Charles-Claude-Alexandre Taillepied Lagarenne*, demeurante à Paris, rue Basse-du-Rempart, chaussée d'Antin,

Nous a fait exposer que, par acte en forme de transaction passé devant Boileux notaire à Paris et son collègue, le 7 prairial an V, duement enregistré, entre elle d'une part et led. Taillepied Lagarenne, son mari, d'autre part, demeurant même rue du Rampart ; ce dernier, pour remplir sa d⁰ femme tant de ses dot et reprises que de différents droits qu'elle avait à répéter d'après lad. séparation de biens et se liquider entièrement envers elle, lui aurait vendu, ceddé et transporté :

Une maison située en lad. rue, numérottée 368 ;.......... plus tout le domaine, maison d'habitation, bâtimens, jardin, parcs, terre, prés et bois composant la terre de la Garenne située commune de Villemomble département susd. et tel ainsi que le tout se poursuit et

---

André César Terrasse, négociants, d'une maison et jardin rue de Richelieu n⁰ 86.

n⁰ 5004 — 13 avril 1792. Vente à Louis-François Leprince, marbrier à Paris, par Taillepied et Agathe Masson, son épouse, et Armand-Claude Masson Saint-Amand frère de ladite dame Taillepied, d'une maison anciennement appelée la maison du Puits-Georget à Créteil.

n⁰ 2877 — 30 mars 1793. Vente à Henri Colas par Taillepied et Agathe Masson, son épouse, et Anne Thérèse Masson et Armand-Claude-Masson, sœur et frère de ladite dame Taillepied, d'une maison sise à Paris, rue des Fossés-Saint-Jacques.

n⁰ 8726 — 15 prairial an V. Vente au tribunal civil, à Pierre Lefebvre, homme de loi, d'une pièce de terre sise à Sceaux ; sur licitation entre les héritiers de Pierre de Foissy, aïeul maternel des Taillepied.

1. L'acte de décès porte : domicilié Bd Cérutty, n⁰ 20 (Bd des Italiens), division du Mont-Blanc.

comporte, moyennant deux cent quarante cinq mil francs en numé-
raire et aux charges, clauses et conditions exprimées aud. acte......

Lesquels objets appartenaient aud. Taillepied, savoir : la nue propriété
de lad. maison au moyen de l'adjudication qui lui en avait été faite à
la barre de la cy-devant cour des aydes par arrêt du 16 avril 1788...
.... etc..

quant au domaine de la Garenne, ledit Taillepied en était propriétaire,
savoir : de la moitié, comme lui étant échue suivant l'acte de subdi-
vision fait entre lui et Jean-Baptiste-Marie-Adéodat Taillepied Boudi,
son frère, du lot qui lui était échu en commun par le partage des biens
composant la communauté d'entre Robert Jean Baptiste Taillepied et
Geneviève Marie de Senlis son épouse, leur père et mère, passé devant
Rabouine, notaire à Paris, le 17 février 1767 ; et l'autre moitié, comme
lui étant échue par le partage des biens de la succession de lad. Lemercier de Senlis, sa mère, passé devant Boulard le 6 juin 1768 [1].

Le possesseur de la Garenne fut ensuite **Daniel Roger** qui, le
17 décembre 1810, par contrat passé devant Lahure, notaire à
Paris, vendit cette propriété moyennant 240.000 francs de prix
principal à l'avocat **Antoine Roy**, lequel devint plus tard ministre
des finances, fut créé comte et pair de France en 1823 et mourut
le 4 avril 1847, laissant une des plus grandes fortunes qu'il y eut
alors en France [2].

Le 29 septembre 1828, par-devant Peron, notaire à Montreuil-
sous-Bois, le comte Roy avait vendu la propriété de la Garenne
à **Jean-Baptiste-Joseph Delaumoy** et *Agathe-Louise Bocquet de
Chantereine* son épouse, moyennant la somme de 300.000 francs,
dont 60.000 payés comptant.

Les 240.000 francs formant le surplus du prix de vente n'ayant
pu être payés aux termes fixés, la Garenne fut saisie par jugement du 24 mars 1831 et mise en vente judiciairement le 25
avril 1832 [3].

1. Arch. de la Seine. Lettre de ratification n° 8956.
2. Antoine Roy, né le 5 mars 1764 à Savigny en Champagne, ministre
des finances le 7 décembre 1818, renversé le même mois. A nouveau ministre
des finances du 19 nov. 1819 au 13 déc. 1821. Nommé pair de France et
comte en 1823. Pour la troisième fois ministre des finances de 1828 à 1829.
Le comte Roy mourut le 4 avril 1847, laissant son immense fortune à ses
deux filles : Élisa, épouse du comte Charles Baston de la Riboisière, général
de division d'artillerie ; Alexandrine-Laure-Sophie, épouse d'Auguste-
Frédéric, marquis de Talhouët, pair de France.
3. M. Delaumoy était mort dans l'intervalle, le 19 janvier 1832.

L'adjudication eut lieu pour la somme totale de 316.800 francs, au profit de M. **François-Félix de Grimaudet de Rochebouet**, propriétaire domicilié à Bouzillé (Maine-et-Loire).

Vers 1800, quelques-uns des anciens ermites de la forêt de Sénart s'étaient retirés à Villemomble et avaient continué d'y fabriquer certaines étoffes de soie dites *Sénardine* et *Ras de Saint-Cyr* [1] dont ils avaient deux dépôts à Paris, l'un chez Mme veuve Taillebosq, à l'Orme-Saint-Gervais, l'autre chez M. Focachon, bonnetier, à l'Hermitage, place des Victoires [2].

Cette industrie suggéra probablement à M. de Rochebouet l'idée d'importer dans notre région l'élevage des vers à soie et la culture du mûrier. Il s'associa, à cet effet, avec un certain M. *Delatour*, propriétaire à Villemomble, et commença ses essais.

Le château de la Garenne se composait alors d'un corps de logis construit parallèlement à la grande rue de Villemomble, sur laquelle il avait vue : c'était l'ancienne habitation seigneuriale reconstruite au début du xviiie siècle. M. de Rochebouet y annexa de vastes bâtiments destinés à l'élevage des vers, au dévidage des cocons et à la filature de la soie.

L'entreprise fonctionnait convenablement en 1835 ; deux ateliers occupaient alors une trentaine de personnes et un troisième était en construction.

Leblanc de Ferrières, dans son *Annuaire des environs de Paris* pour 1836, donne sur cette industrie les détails suivants :

Pendant les mois de mai, juin et juillet seulement les vers à soie travaillent. Deux éducations de vers à soie, de chacune 40 jours, remplissent ces trois mois. Les deux ateliers placés au premier et au deuxième étage sont échauffés par une fournaise qui, placée au rez-de-chaussée, transmet la chaleur aux étages supérieurs par le moyen de trous cylindriques pratiqués dans les planchers et de plaques de zinc. Pour que la chaleur ne soit pas trop forte, des ventilateurs, appelés

1. On nomme *ras* des étoffes croisées, à poil *ras*, ou dont le poil ne paraît point, et qui sont faites, les unes de laine, les autres de soie. Elles ont beaucoup de rapport avec la *serge*.

2. Allard, *Annuaires du Dép. de la Seine* (1805-1807) ; et aussi : L. Prudhomme, *Miroir de l'ancien, du nouveau Paris et du département de la Seine* (Paris, 1807).

tarares, ont été établis aux angles des salles ; c'est ainsi que l'atmosphère est toujours entretenue dans un état de pureté nécessaire. Ces ventilateurs ou tarares ont été faits sur les modèles fournis par M. Darcet [1]. Pour préserver les vers à soie de l'influence électrique qui leur est toujours nuisible, des paratonnerres ont été placés au faîte de l'établissement.

Les feuilles de mûrier sont la nourriture des vers à soie. Pendant les quatre maladies qu'ils font, ils sont suspendus dans des filets, à deux ou trois pouces de distance de la planche qui se trouve dessous, et rangés ainsi par étages, pour empêcher que le fumier ne les atteigne, ce qui les ferait mourir. Aussitôt que leur maladie est passée, ils sont rétablis sur leurs planches, et alors on a adapté, d'un étage de planches à l'autre, plusieurs petites haies formées avec des branches de bouleau, afin qu'ils restent dedans pour y faire leurs cocons. Quand ils ont fini, et que de chrysalides ils sont devenus papillons, on recueille avec soin leur ponte, et l'année suivante recommence le travail.

La soie est très blanche, et tellement fine que cinq cocons réunis ne forment qu'un fil assez menu ; on les dévide au moyen d'un rouet à compartiment.

Il ne paraît pas cependant que cette intéressante tentative ait eu un brillant succès, car elle fut bientôt abandonnée.

M. de Rochebouet mourut le 20 octobre 1839, dans son château de Marbach, paroisse de Stangen (Grand-Duché de Bade). Il laissait comme héritiers, chacun pour un quart : François Grimaudet de Rochebouet demeurant à Rochebouët (Maine-et-Loire) ; François-Dominique Stanislas Grimaudet de Rochebouet ; Grimaudet de Rouvoltz (commune de Chaumont, Maine-et-Loire), tous trois ses frères germains ; et, pour le dernier quart, M. d'Andigné de Beauregard et Mme la baronne de Fontenay [2], représentants de Mme Adélaïde-Sophie de Grimaudet, leur mère, épouse de Joseph-René-Louis d'Andigné de Beauregard, sœur dudit défunt.

Tous ces cohéritiers laissèrent indivis entre eux le domaine de

1. *Jean-Pierre-Joseph Darcet*, chimiste, membre de l'Institut, né à Paris en 1777, mort en cette ville en 1844. On lui doit entre autres choses des procédés de ventilation qui diminuèrent les dangers d'un grand nombre d'industries (dorure, soufroirs, vidange, etc.)

2. Épouse de Louis Lafontaine, baron de Fontenay, demeurant en sa terre de Gemevraye, arrondissement de Saumur.

la Garenne et le vendirent en plusieurs lots, notamment par adju-
dications du 6 mars 1841, devant M° Bizouard, notaire à Noisy-
le-Sec [1].

1. Nous terminerons ces notes par quelques mots sur une source ou
fontaine qu'on voyait autrefois à Villemomble, près du château de la
Garenne.

Lorsque M. Taillepied était seigneur de la Garenne, la fontaine *Collet* —
c'est le nom qu'elle portait alors — se trouvait dans les champs, hors des
murs du parc. Depuis un temps immémorial, les habitants allaient y puiser
l'eau directement et arrivaient par un chemin longeant en dehors les murs
de la propriété seigneuriale.

Vers 1800, M\ Roger, ayant acquis les terrains sur lesquels étaient situés
la source et le chemin, crut pouvoir enfermer le tout dans son parc dont
il reculait de beaucoup les limites ; pour respecter cependant les droits
communaux, il fit installer à ses frais une canalisation conduisant les eaux,
au travers de sa propriété, jusque dans la grande rue de Villemomble vis-à-
vis la maison de Mme Langlois. Un robinet extérieur fournissait l'eau aux
habitants du village, et sous ce robinet, par conséquent sur la voie publique,
une auge de grande dimension servait d'abreuvoir pour les bestiaux.

Les choses restèrent en cet état jusqu'en 1834, c'est-à-dire jusqu'au
moment où le comte de Grimaudet, en faisant construire sa grande magna-
nerie, déplaça le robinet sans autorisation connue et supprima du même
coup l'abreuvoir.

En 1841, enfin, Mrs Lefebvre et Tirouflet, acquéreurs d'une partie du
domaine de la Garenne, ayant émis la prétention de faire payer à la
commune — pour l'entretien de la canalisation et l'usage de cette fontaine —
une indemnité pécuniaire, furent déboutés de leurs demandes par jugement
du tribunal de paix du canton de Vincennes, rendu le 11 juin 1841 et confirmé
sur appel au tribunal civil de la Seine le 10 juillet suivant.

INDEX DES NOMS DE PERSONNES

INDEX DES NOMS GÉOGRAPHIQUES

TABLE DES GRAVURES

DANS LE TEXTE

FAC-SIMILE DE SIGNATURES

PLANCHES HORS TEXTE

TABLE DES MATIÈRES

CHAPITRE V

MODIFICATIONS TERRITORIALES ; LOTISSEMENTS

CHAPITRE VI

LE PLATEAU D'AVRON PENDANT LA GUERRE DE 1870

CHAPITRE VII

LE FIEF ET CHÂTEAU DE LA GARENNE DE VILLEMOMBLE

MACON, PROTAT FRÈRES, IMPRIMEURS.

Wace. — La légende de Robert le Diable. — Les romances espagnoles. — De la tapisserie de Bayeux et de son importance historique. — Les contes de bonne femme. — Table.

Du Méril (E.). **Mélanges archéologiques et littéraires.** 1830, in-8°. 8 fr.

Fagniez (G.), *membre de l'Institut.* **Études sur l'industrie et la classe industrielle** à Paris au xiiie et au xive siècles. 1877, gr. in-8. 12 fr.

Flammermont (J.). **Histoire des institutions municipales de Senlis.** 1881, in-8. 8 fr.

Gélis-Didot (P.) et Grassoreille (G.). **Le château de Bourbon-l'Archambault.** 1887, in-4, *planches.* 10 fr.

Lebeuf (L'abbé). **Histoire de la ville et du diocèse de Paris.** Nouvelle édition, publiée par Augier, 5 vol. gr. in-8 de texte et 1 de table. 40 fr.

— **Rectifications et additions,** par Bournon. In-8. 25 fr.

L'ouvrage de l'abbé Lebeuf, composé de 1745 à 1760 et consacré à l'histoire des 450 paroisses de l'ancien diocèse de Paris, offre une mine inépuisable de renseignements puisés aux meilleures sources et reste, pour la plupart de ces localités, le seul instrument de travail à utiliser. L'édition originale, en 15 volumes in-12, était rare et contenait de nombreuses erreurs typographiques. La réimpression entreprise par Cocheris (3 volumes et demi, in-8) s'interrompt brusquement au milieu de l'histoire de la banlieue ecclésiastique de Paris.

L'édition que nous offrons contient :

1° Le texte complet de l'œuvre de l'abbé Lebeuf en 5 volumes gr. in-8, d'où les fautes d'impression de la première édition ont été soigneusement corrigées par les soins de M. A. Augier;

2° Une table analytique des matières constituant un volume de même format, de 548 pages, rédigée par MM. Augier et Fernand Bournon;

3° Un volume de même format, de 618 pages, contenant les *Rectifications et additions* à l'abbé Lebeuf par M. Fernand Bournon pour l'histoire de la ville de Paris, de ses faubourgs et des communes annexées ou suburbaines : Auteuil, Passy, Chaillot, Montmartre, Boulogne, Neuilly, Clichy, Levallois-Perret, La Chapelle, La Villette, Belleville, Charonne, etc.

Ce dernier volume, fruit de près de vingt années de travail, renferme sur toute cette région les indications les plus précieuses de sources manuscrites et imprimées, fournit une suite de dissertations sur tout ce que le savant abbé aurait dû dire, sur tout ce qu'il dirait, avec le secours de nos dépôts d'archives, s'il vivait encore aujourd'hui.

Lefranc (Abel), *professeur au Collège de France.* **Histoire de la ville de**

Noyon et de ses institutions jusqu'à la fin du xiiie siècle. 1887, gr. in-8. 6 fr.

Piron (C.). **Marly-le-Roi**, son histoire (697-1904). 1904, gr. in-8, planches. 10 fr.

Pluyette (Charles). Un recteur de l'Université de Paris au xve siècle : **Jehan Pluyette** et les fondations qu'il institua. Notice biographique et historique. 1900, in-8. 5 fr.

Contribution à l'histoire de l'instruction publique au xve siècle. Jean Pluyette, qui appartenait à une ancienne famille rurale de l'Ile-de-France, devint en 1442 recteur de l'Université de Paris et proviseur du Collège de Navarre en 1450. Il fonda, au Collège des Bons-Enfants-Saint-Victor, une bourse dont M. Ch. Pluyette fait une curieuse monographie jusqu'au xviiie siècle.

Pothier (le général). **Les populations primitives.** Essai d'interprétation de documents archéologiques par la géologie et les textes (avec 2 cartes). 1898, in-8. 10 fr.

Premier prix des Antiquités Nationales.

Reinach (Salomon), *de l'Institut.* **Pourquoi Vercingétorix a renvoyé sa cavalerie d'Alésia.** In-8. 1 fr. 50

— **La Gaule personnifiée.** In-8, pl. 1 fr.

Résidences (Les) parisiennes des Longueville-Neuchâtel. In-8, 2 héliogravures et 16 planches. 4 fr.

Schmidt. **Paris pendant la Révolution,** *d'après les rapports de la police secrète (1789-1800),* traduction française, accompagnée d'une préface, par Paul Viollet, membre de l'Institut. 4 vol. in-8. 32 fr.

Sellier (Ch.). **Curiosités historiques et pittoresques du vieux Montmartre.** 1904, fort vol. in-16 carré de ix-348 p., précédé d'une lettre-préface de Lorédan Larchey et suivi d'un index. 4 fr.

Les carrières à plâtre, la Hutte-aux-Gardes, les fontaines, Montmartre vignoble, les moulins à vent, l'Observatoire et le télégraphe, le tombeau de la reine Adélaïde de Savoie, les sépultures conventuelles et paroissiales, le mont Marat, Alphonse Karr garde national, les seigneurs de Clignancourt, la maison de la « Boule d'Or », le Château-Rouge, l'hôtel Labat, la porcelaine de « Monsieur », les bas-reliefs de l'avenue des Tilleuls, etc., sont ici les principaux sujets traités; ils sont aussi les plus inattendus. Ces études ont toujours pour base des documents authentiques, la plupart tirés des *Archives,* des *Pièces originales* de la Bibliothèque nationale ou des historiens anciens. M. Sellier a démêlé dans ces documents historiques le curieux et le pittoresque, ce qui fait de son livre, en même temps que l'ouvrage le plus documenté sur Montmartre, celui qu'on lira avec le plus de profit, d'agrément et de surprise.

<hr>

Société de l'Histoire de Paris et de l'Ile-de-France.

Bulletin, Mémoires, Documents. Fondée en 1874.

Cotisation annuelle, 15 fr. 10

COLLECTION complète (d'occasion) . . . . 350 fr.

MACON, PROTAT FRÈRES, IMPRIMEURS